Karin Hohmann

Schnelle Lesetests für den Anfangsunterricht

56 Lernzielkontrollen auf Silben-, Wort- und Satzebene für individuellen Leseerfolg

PERSEN

Karin Hohmann unterrichtete an einer kleinen Grundschule in Schleswig-Holstein. Dort war sie Konrektorin. Sie studierte die Fächer Mathematik und Sport, bildete sich in ihrer langjährigen Laufbahn zusätzlich im Fach Deutsch fort. Sie war zuständig für den Bereich Legasthenie und betreute junge Kolleginnen und Kollegen in der Lehramtsausbildung.

Wir verwenden in unseren Werken eine genderneutrale Sprache, damit sich alle gleichermaßen angesprochen fühlen. Wenn keine neutrale Formulierung möglich ist, nennen wir die weibliche und die männliche Form. In Fällen, in denen wir aufgrund einer besseren Lesbarkeit nur ein Geschlecht nennen können, achten wir darauf, den unterschiedlichen Geschlechtsidentitäten gleichermaßen gerecht zu werden.

1. Auflage 2024

AAP Lehrerwelt GmbH
Veritaskai 3
21079 Hamburg
Telefon: +49 (0) 40325083-040
E-Mail: info@lehrerwelt.de
Geschäftsführung: Andrea Fischer, Sandra Saghbazarian
USt-ID: DE 173 77 61 42
Register: AG Hamburg HRB/126335

Autorschaft: Karin Hohmann
Covergestaltung: TSA&B Werbeagentur GmbH, Hamburg
Coverillustration: © charactoon/stock.adobe.com
Illustrationen: Katharina Reichert-Scarborough (Hauptillustratorin); Steffi Aufmuth (Briefmarke, Clown, Hose, Leiter, Leopard, Mixer, Spaten, Stern, Tasse, Wolke), Corina Beurenmeister (Ameise, Baum, Elefanten, Fahrradfahrer, Feder, Flugzeug, Freibad, Freunde, Fußballfeld, Helm, Hosentasche, Hund/bellend, Hunde, Hundekuchen, Hund/schlafend, Hund/Sofa, Insel, Kalender, Kasper, Kinder/malen, Kreuzung, Lok, Mädchen/Telefon, Ostereier, Papierflieger, Pelikan, Pfanne, Pferdekoppel, Postkarte, Qualle, Quark, Roller, Segelschiffe, Schale, Schule, Schwimmflügel, Sonnenblume, Strand, Tigertatze, Trense, Wolken, Zebrastreifen, Zopf), Antje Bohnstedt (Hund/stehend, Pfütze, Vampir), Daniela Bühnen (Kleid), Marion El-Khalafawi (Dorf, Globus, Hut, Kamele, Kreuzspinne, Laterne, Mantel, Mäuse), Julia Flasche (Bücherstapel, Butter, Clownskopf, Dino, Diamant, Erdbeere, Federtasche, Fisch, Frau/Stift, Honig, Jäger, Junge/lachend, Junge/Pancakes, Junge/schlafen, Käse, Krankenwagen, Kuchen, Lexikon, Löwe, Mädchen/Bild, Mädchen/laufen, Mädchen/kochen, Mann/sprechen, Maus, Oma/Zeitung, Opa/winken, Pflaume, Piktogramme Stifte, Piratenhut, Quadrat/Gesicht, Regal, Reiter, Roboter, Ruder, Salat, Sandale, Schaukelpferd, Schuhe, Storch, Tiger, Trommel, Trompete, Tulpe, Verkehrsschilder [Verkehrshelfer, Baustelle, Bushaltestelle, Fußweg], Vogel, Zug), Fides Friedeberg (Nest), Andrea Frick-Snuggs (Regenschirm), Anke Fröhlich (Birne, Fee, Geige, Kaktus, Kissen, Korb, Marienkäfer, Rabe, Zwerg), Barbara Gerth (Bikini/geblümt, Boxer, Beule, Faden, Foto, Fotograf, Füller/Patrone, Garten, Kapitän, Kegel, Kinosaal, Königin, Misthaufen, Pirat, Quirl, Rasen, Robbe, Schleife, Sonne, Vogel, Zauberer), Eugenio Romero Gomez (Disco), Melanie Gregor (Schmetterling/Gesicht), Robert Gunkel / Christa Claessen (Taucher), Alexandra Hanneforth (Flugzeug, Maiglöckchen, Paketbote, Spritze, Trillerpfeife), Ingrid Hecht (Fußspuren, Qualm), Heike Heimrich (Känguru, Piratenschiffe), Steffen Jähde (Licht, Spülmaschine, Treppe, Tube), Kristina Klotz (Autobahn, Digitaluhr, Kugel, Schatzkarte, Verkehrsschild Zebrastreifen), Hendrik Kranenberg (Nikolausstiefel, Telefon, Torte), Petra Lefin (Beutel, Faust, Gardine, Laden), Anja Ley (Pullover), Stefan Lohr (Computer), Elisabeth Lottermoser (Fabrik, Fußballschuhe, Kinderwagen, Rose, Schaufel, Schlüssel, Trampolin, Waschmaschine, Wecker), Stefan Lucas (Nudel, Räuber, Wal), Nataly Meenen (Eis, Lose, Mandala, Schatzkiste, Verkehrsschild Radweg), Rebecca Meyer (Eimer, Figur / geometrische Formen, Haselnuss, Smileys, Sonnenbrille), Carla Miller (Badehose, Fußball, Kinokarte), Petra Mönning (Haus/Garten, Gorilla, Seepferdchen), Axel Nicolai (Arm), Ute Ohlms (Bügel, Katzen, Hund/Welpen, Schafe, Schweine), Manuela Ostadal (Beine), Christina Piper (anziehen, aufstehen, frühstücken, Regenwürmer, Schulweg), Ari Plikat (Lama), Tania Schnagl / Robert Plötz (Libelle, Seife), Tina Pohl (Tasche), Anke Reimann (Bauwagen), Christoph Schmidt (Taucherbrille), Antje Sellig (Spinne), Edda Skibbe (Schulranzen), Thorsten Trantow (Giraffe, Maikäfer, Möwe, Pudel), Miriam Uebach (Judo), Sabine Voigt (Sportbeutel), Charlotte Wagner (Esel, Noten), Oliver Wetterauer (Radio), Bettina Weyland (Löwenzahn), Georg Wieborg (Fahne); z. T. bearbeitet/nachkoloriert von der Redaktion Grundschule
Satz: Satzpunkt Ursula Ewert GmbH, Bayreuth
Druck und Bindung: Esser printSolutions GmbH, Bretten

ISBN/Bestellnummer: 978-3-403-21208-9
www.persen.de

Inhaltsverzeichnis

Vorwort

Lesen können ist eine grundlegende Bedingung für die persönliche Entwicklung und Weiterentwicklung, für den Erwerb von Wissen, für die Entwicklung der eigenen Fähigkeiten und für die Teilnahme am gesellschaftlichen Leben. Wer nicht lesen kann, der steht schnell im Abseits.

Lesen lernt man nur durch Lesen – und ein Kind muss viel leisten, um ein Wort lesen und später auch schreiben zu können.

Dazu gehören viele Aspekte, einige seien genannt:

Sprache wird in Schrift „verwandelt", die einzelnen Buchstaben haben nichts mit der Bedeutung des Wortes zu tun – im Gegensatz zu einer Bilderschrift. Der gesprochene Lautstrom gliedert sich in immer kleinere Einheiten: Satz – Wort – Silbe – Laut. Jeder Laut wird mit einem oder mehreren Zeichen dargestellt, dabei ist die Anzahl der Zeichen begrenzt (26 Buchstaben, die Umlaute und ß) und es gibt mehr Laute als Zeichen.

Und hier beginnt für viele Kinder im Leselernprozess die große Herausforderung. Sie müssen die Zeichen kennen und Laute richtig zuordnen, sie müssen Laute zu Silben und Silben zu Wörtern verbinden. Aus Wörtern bilden sich Sätze und daraus entwickeln sich Texte. Und immer geht es darum, Informationen zu ermitteln und das Gelesene auch zu verstehen.

Im vorliegenden Buch finden sich vom Leichten zum Schweren aufgebaute Leseaufgaben – auf Silbenebene, auf Wortebene sowie auf Satzebene. In Verbindung mit Bildern und durch verschiedene Aufgabenformate geht es immer darum zu ermitteln, wo das Kind im Leselernprozess steht.

Dabei wurde besonderer Wert darauf gelegt, zunächst mit überwiegend lautgetreuem Wortmaterial zu arbeiten – ohne schwere und seltene Laute und Wörter. Denn erst, wenn das Leseprinzip verstanden wurde, können auch Besonderheiten erarbeitet werden. Die Synthese ist für die Kinder die größte Herausforderung.

Die hier vorliegenden Tests sind unabhängig vom Lehrwerk einsetzbar, wenn die Vokale eingeführt und die Konsonanten bekannt sind. Berücksichtigt wurden elementare Fertigkeiten wie das Lesen von Silben, das Zusammenfügen von Silben zu Wörtern, das Heraushören von Silben am Wortanfang, im Wort und am Wortende und das Durchgliedern und Zusammensetzen eines Wortes. Silbenbögen und Silbengliederung unterstützen das Lesen, Reimwörter und Oberbegriffe, Stolperwörter und Wortlücken schaffen Herausforderungen und Rätsel sowie einfache Texte stellen erhöhte Anforderungen. Schwierige Laute werden auf gesonderten Seiten behandelt.

Stets kann das Kind selbst bewerten, wie es mit den Aufgaben zurechtgekommen ist, und die Lehrkraft kann die Anzahl richtiger Lösungen ermitteln.

Die Tests sind entsprechend des individuellen Lernstands der einzelnen Kinder oder im Klassenverband einsetzbar – je nach Zielsetzung und Bedarf.

Ich wünsche Ihnen viel Freude an der Arbeit mit dem vorliegenden Material. Die vielfältigen Aufgaben und freundlichen Bilder werden die Kinder motivieren und Sie sehen, wo Ihre Kinder im Leseprozess stehen.

Ihre

Karin Hohmann

Name: ______________________________

Datum: ______________________________

Anfangssilben

Die Anfangssilbe finden

1 Finde die **1. Silbe**. Kreise ein.

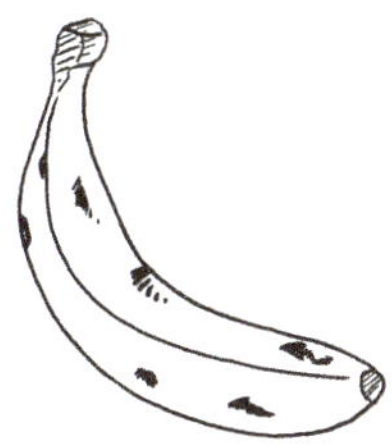
Be
Bu
Ba
Bi

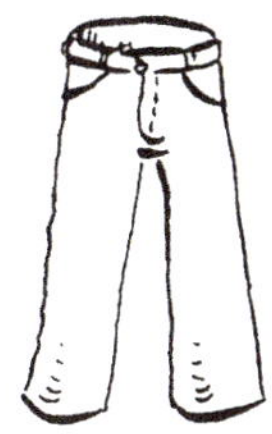
Ho
He
Hi
Ha

Re
Ro
Ri
Ra

Se
Si
Sa
So

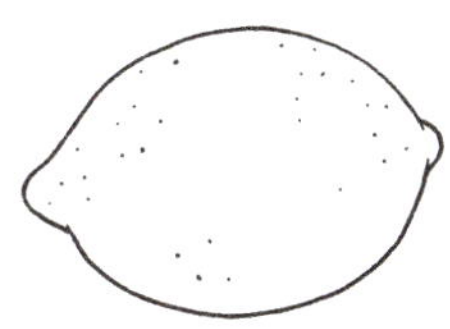
Zo
Za
Zi
Zu

Ko
Ka
Ke
Ku

2 Finde die **1. Silbe**. Verbinde.

Ra	Re	Ri	Ro	Ru

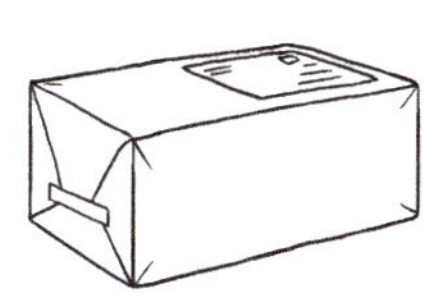

Pa	Pe	Pi	Po	Pu

Selbsteinschätzung: So konnte ich die Aufgaben:	**Auswertung:** Du erreichst ________ von 14 Punkten.

Aufgabe: *Bilder benennen, Silben lesen, Bild und 1. Silbe zuordnen*
Punktevergabe: *1 Punkt je richtige Silbe*
Hilfe: *Silben klatschen*

Name: ______________________________

Datum: ______________________________

Anfangssilben

Wörter mit gleicher Anfangssilbe

1 Welche Wörter haben die gleiche Silbe **am Anfang**? Kreuze an.

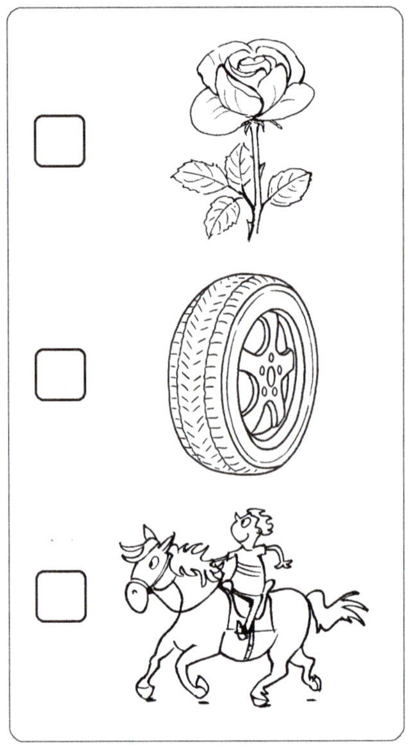

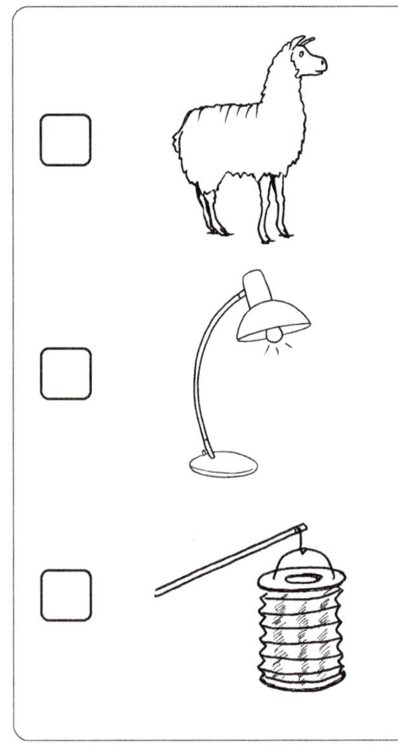

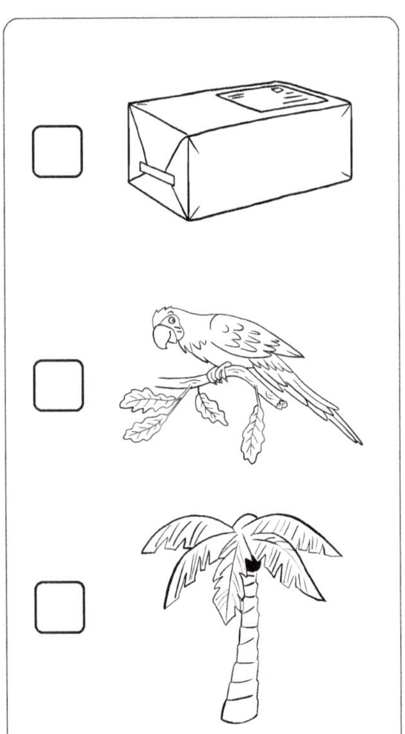

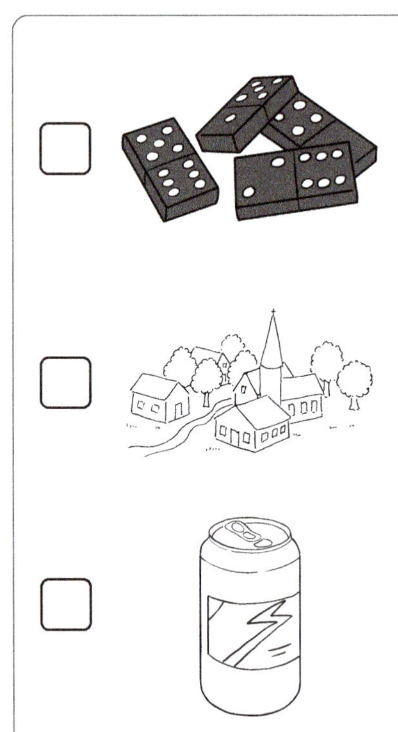

Diese und die folgende Seite bitte doppelseitig kopieren.

Wörter mit gleicher Anfangssilbe (Fortsetzung)

2 Zu welchen Bildern **passt** die Silbe? Kreuze an.

☐ ☐ ☐

Ku

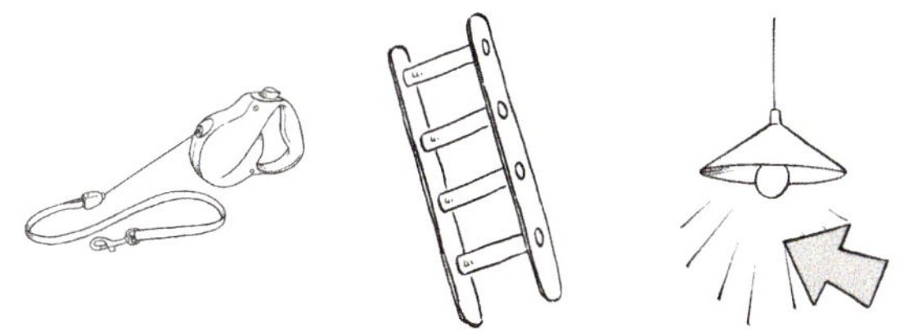

☐ ☐ ☐

Lei

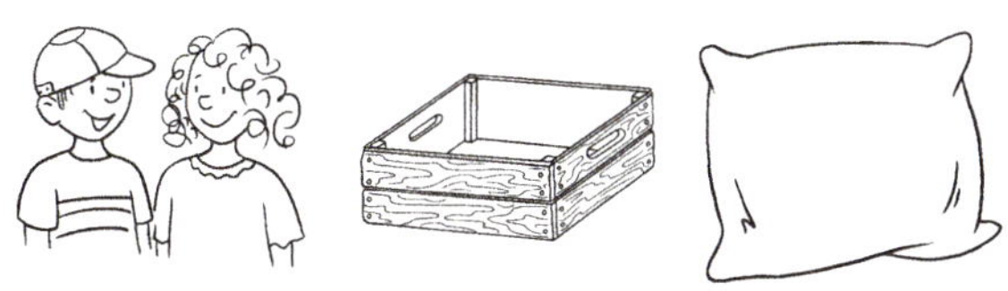

☐ ☐ ☐

Kis

☐ ☐ ☐

Schau

☐ ☐ ☐

Hun

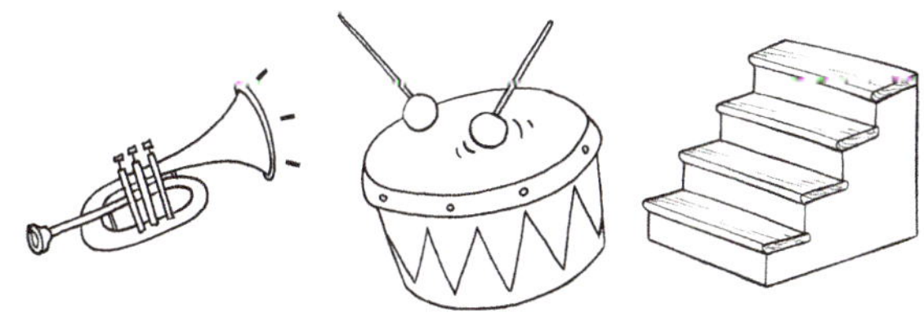

☐ ☐ ☐

Trom

Selbsteinschätzung: So konnte ich die Aufgaben: 	**Auswertung:** Du erreichst ______ von 18 Punkten.

Aufgabe 1: *Bilder benennen, Bilder mit gleicher Anfangssilbe ankreuzen*
Aufgabe 2: *Silbe lesen, Bilder benennen und ankreuzen, wenn die Anfangssilbe passt*
Punktevergabe: *1. Seite: 1 Punkt je richtiges Pärchen;*
2. Seite: 1 Punkt je richtige Silbenzuordnung

Hilfe: *Silben klatschen*

Name: ____________________

Datum: ____________________

Anfangssilben

Anfangssilben zuordnen

Welche Silbe hörst du **am Anfang**? Verbinde mit dem Bild.

Na | Nas | Nu | Ro | Ra | Rie

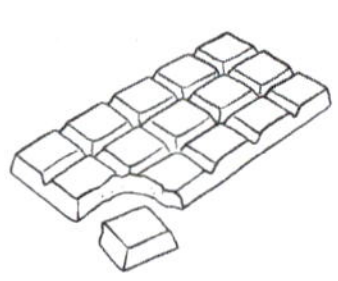     

Schlei | Scho | Schu | Gur | Gei | Gar

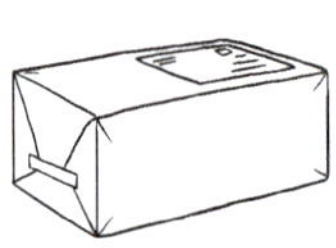   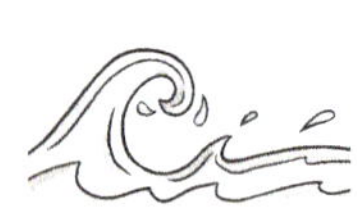  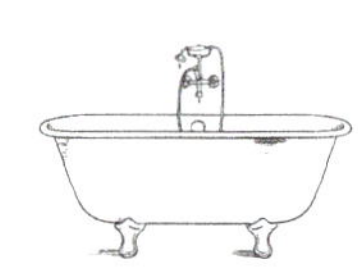

Pal | Pa | Pla | Wa | Wel | Wan

Selbsteinschätzung: So konnte ich die Aufgaben: 🙂 😐 🙁	**Auswertung:** Du erreichst ________ von 18 Punkten.

Aufgabe: *Bilder benennen, Silben lesen, passend verbinden*
Punktevergabe: *1 Punkt je richtige Silbe*

Hilfe: *Silben klatschen*

Name: ______________________________

Datum: ______________________________

Endsilben

Die letzte Silbe finden

1 Finde die **letzte Silbe**. Kreise ein.

	ker ger ken		we fe wer		ter la ne
	fon te le		ko kro le		ten den par

2 Finde die **letzte Silbe**. Verbinde.

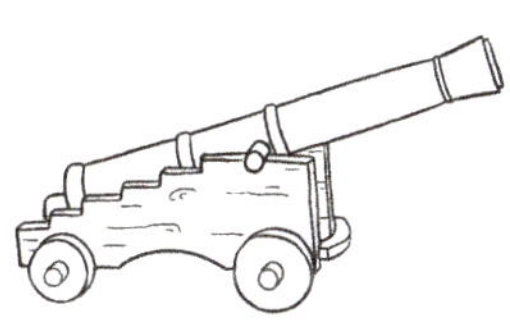

ne · me · zei · ler · sel · gel

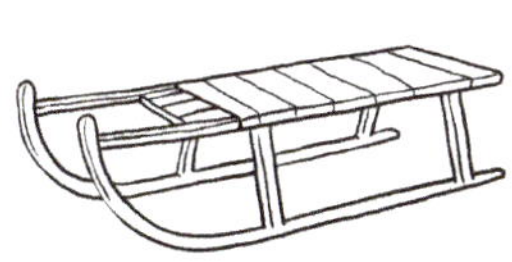

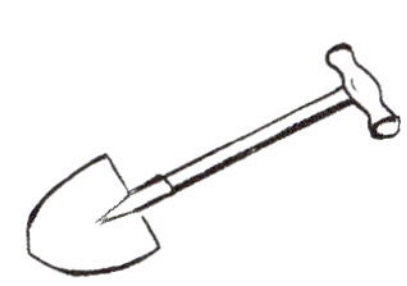

den · ten · nen · fel · ge · ke

Selbsteinschätzung: So konnte ich die Aufgaben: ☺ 😐 ☹	**Auswertung:** Du erreichst ______ von 14 Punkten.

Aufgabe: *Bilder benennen, Silben lesen, Bild und Endsilbe zuordnen*
Punktevergabe: *1 Punkt je richtige Silbe*
Hilfe: *Silben klatschen*

Name: ______________________

Datum: ______________________

Endsilben

Wörter mit gleicher Endsilbe

1 Welche Wörter haben die gleiche Silbe **am Ende**? Kreuze an.

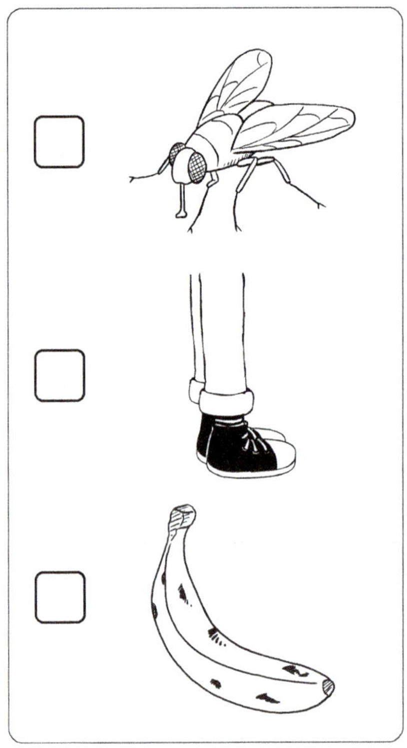

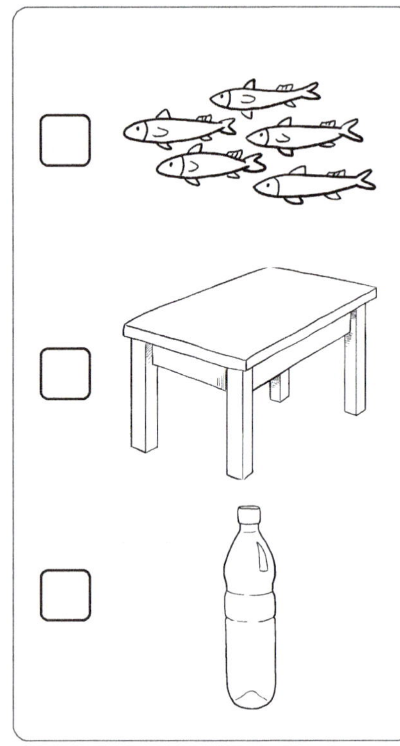

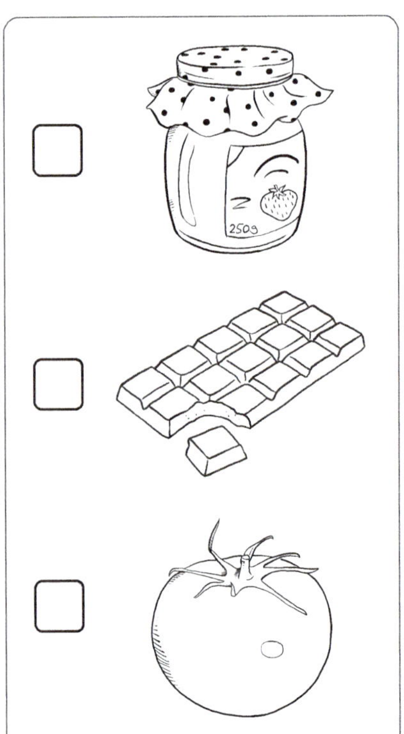

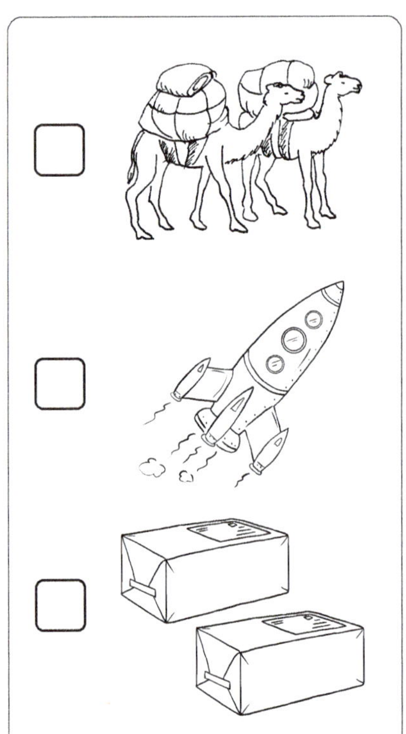

Diese und die folgende Seite bitte doppelseitig kopieren.

Wörter mit gleicher Endsilbe (Fortsetzung)

2 Zu welchen Bildern **passt** die Silbe? Verbinde.

ne

sen

kel

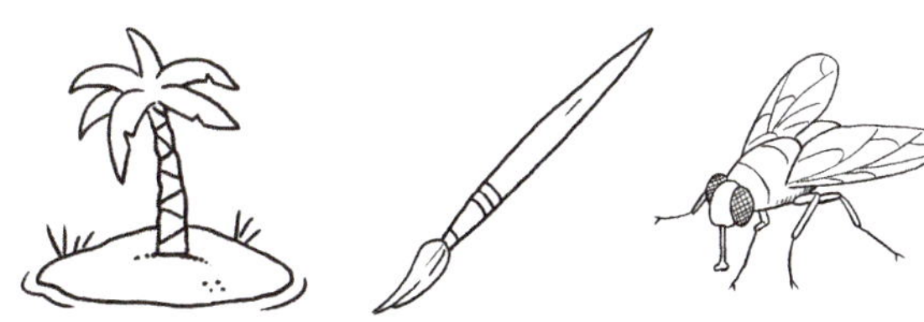

sel

del

gel

Selbsteinschätzung: So konnte ich die Aufgaben:	**Auswertung:** Du erreichst ________ von 18 Punkten.

Aufgabe 1: *Bilder benennen, Bilder mit gleicher Endsilbe ankreuzen*
Aufgabe 2: *Bilder benennen, Silbe lesen und verbinden, wenn die Endsilbe passt*
Punktevergabe: *1. Seite: 1 Punkt je richtiges Pärchen;*
2. Seite: 1 Punkt je richtige Silbenzuordnung

Hilfe: *Silben klatschen*

Name: ______________________

Datum: ______________________

Endsilben

Endsilben zuordnen

Welche Silbe hörst du **am Ende**? Verbinde mit dem Bild.

ber · le · sen · len · ro · ter

fo · fe · fer · be · per · pe

  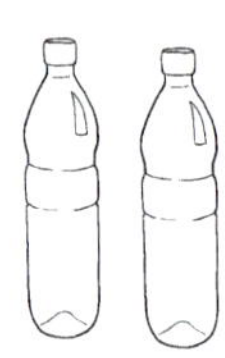 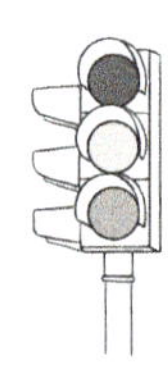  

schen · schel · sche · gel · fel · pel

Selbsteinschätzung: So konnte ich die Aufgaben: 🙂 😐 🙁	**Auswertung:** Du erreichst ______ von 18 Punkten.

Aufgabe: *Silben lesen, Bilder benennen, passend verbinden*
Punktevergabe: *1 Punkt je richtige Silbenzuordnung*

Hilfe: *Silben klatschen*

Name: ______________________

Datum: ______________________

Binnensilben

Die 2. Silbe finden

1 Finde die **2. Silbe**. Kreise ein.

ke
ka
ku

ki
ke
ko

li
la
le

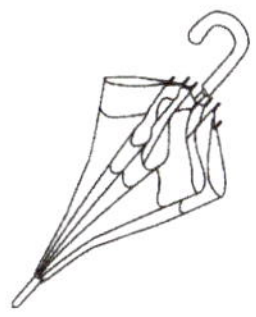
ger
ges
gen

te
ten
ter

ma
mu
me

ma
mei
sen

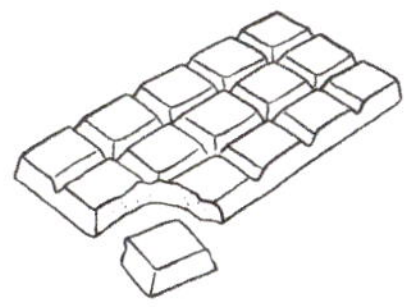
la
ko
de

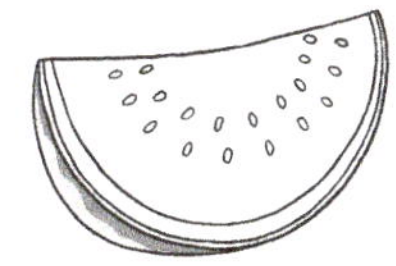
ne
lo
el

2 Finde die **2. Silbe**. Verbinde.

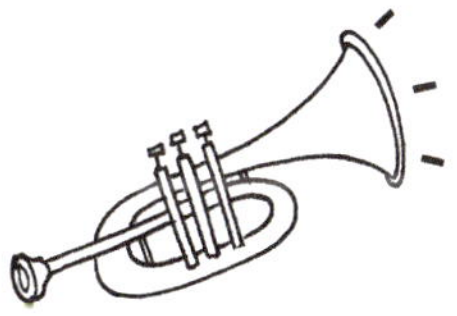

bri | len | pe | pri | pa | ler

kel | fe | gu | li | kan | raf

Selbsteinschätzung: So konnte ich die Aufgaben: 🙂 😐 🙁	**Auswertung:** Du erreichst ________ von 17 Punkten.

Aufgabe: *Bilder benennen, Silben lesen, Bild und 2. Silbe zuordnen*
Punktevergabe: *1 Punkt je richtige Silbe bzw. Silbenzuordnung*

Hilfe: *Silben klatschen*

Name: ______________________

Datum: ______________________

Binnensilben

Die richtige Silbe im Wort finden

Welche Silbe hörst du **im Wort**? Male sie an.

ko | go

ba | pa

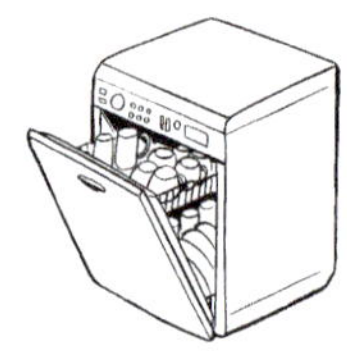
chi | schi

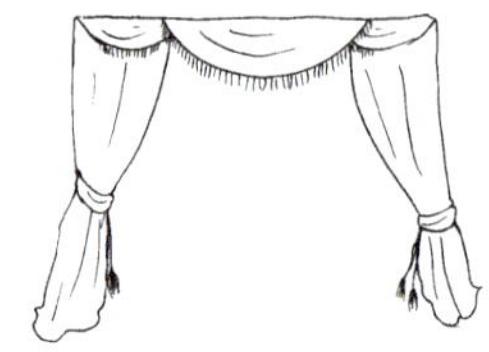
di | ti

den | ten

gu | ku

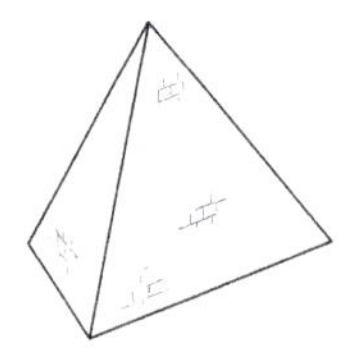
mi | ni

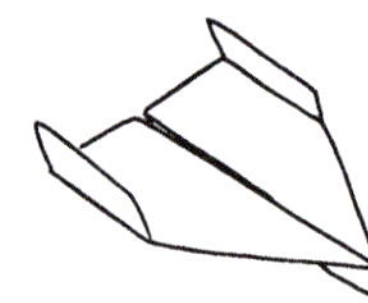
bier | pier

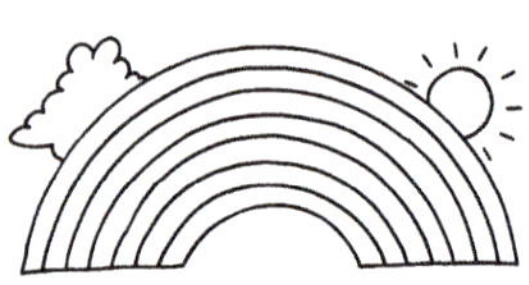
bo | po | go

ge | ke | le

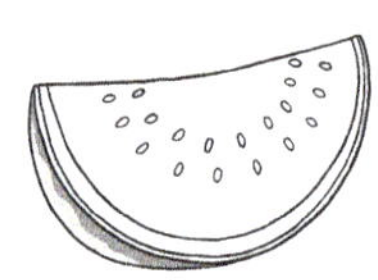
mo | lo | ho

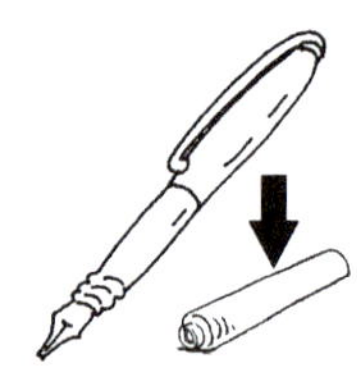
tro | dro | gro

ger | der | ter

to | do | go

tra | bra | pra

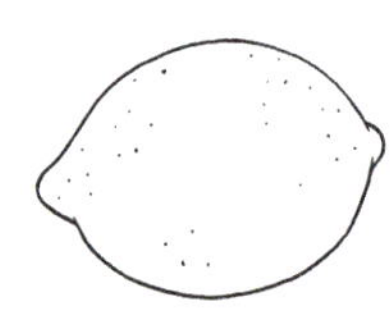
dro | tro | to

Selbsteinschätzung: So konnte ich die Aufgaben:	**Auswertung:** Du erreichst ______ von 16 Punkten.

Aufgabe: *Bilder benennen, Silben lesen, passend anmalen*
Punktevergabe: *1 Punkt je richtige Silbe bzw. Silbenzuordnung*

Hilfe: *Silben klatschen*

Name: ______________________

Datum: ______________________

Silben zuordnen

Wörter mit 2 Silben

Welche Silbe **passt nicht** zum Bild? Streiche sie durch. ~~Wort~~

Ha
Ho
se

La
mi
ma

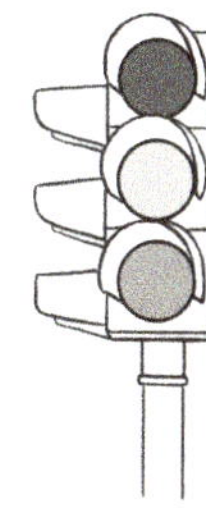

An
Am
pel

Pal
ne
me

Wa
ken
gen

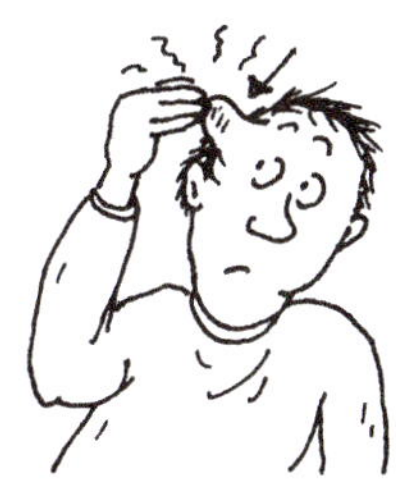

Beu
le
tel

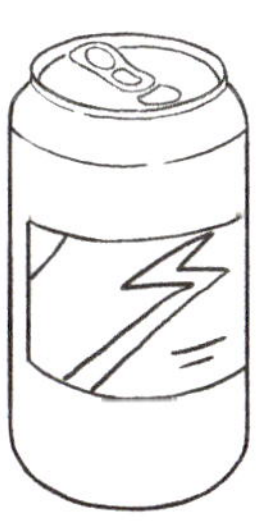

Do
To
se

Lö
Fe
we

Ta
sche
che

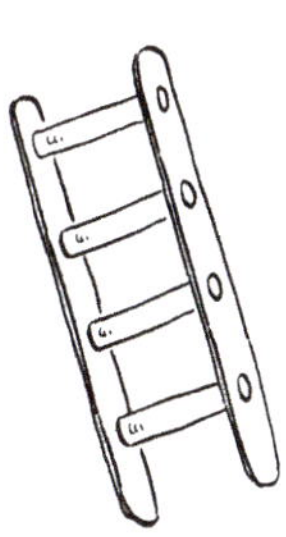

Lei
der
ter

Dü
Tü
te

Kir
sche
che

Selbsteinschätzung: So konnte ich die Aufgaben:	**Auswertung:** Du erreichst ________ von 12 Punkten.

Aufgabe: *Bilder benennen, Silben lesen, falsche Silbe streichen*
Punktevergabe: *1 Punkt je Aufgabe*
Hilfe: *Silben klatschen*

Name: ______________________________

Datum: ______________________________

Silben zuordnen

Wörter mit 3 Silben

Welche Silbe **passst nicht** zum Bild? Streiche sie durch. ~~Wort~~

Kro
ku
ko
dil

Du
Do
mi
no

Pa
ba
pa
gei

Fle
ter
der
maus

De
Te
le
fon

Kän
gu
ku
ru

E
le
want
fant

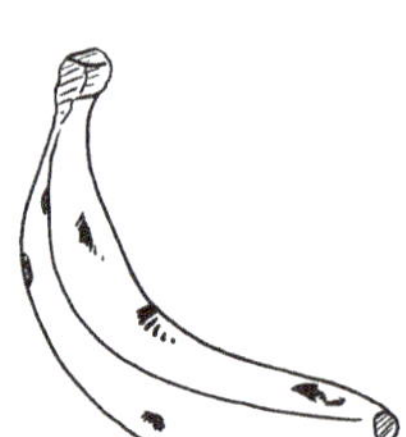

Pa
Ba
na
ne

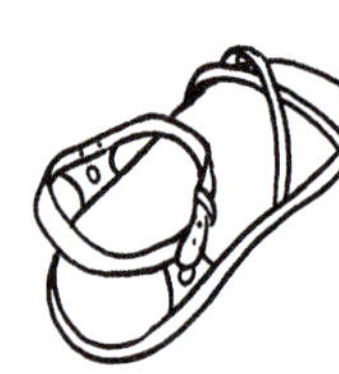

San
da
ta
le

Selbsteinschätzung: So konnte ich die Aufgaben:	**Auswertung:** Du erreichst ________ von 9 Punkten.

Aufgabe: *Bilder benennen, Silben lesen, falsche Silbe streichen*
Punktevergabe: *1 Punkt je Aufgabe*

Hilfe: *Silben klatschen*

Name: ______________________________

Datum: ______________________________

Silben zuordnen

Wörter mit 4 Silben

Welche Silbe **passt nicht** zum Bild? Streiche sie durch. 

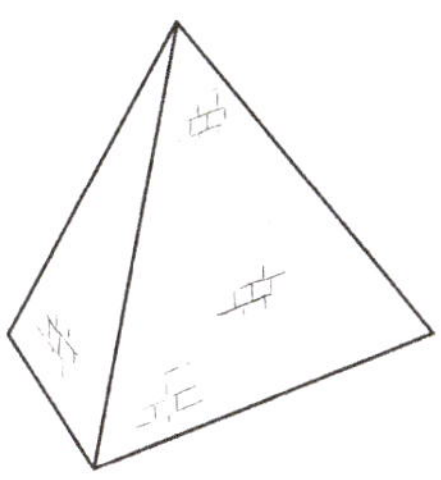

Py
ra
mi
te
de

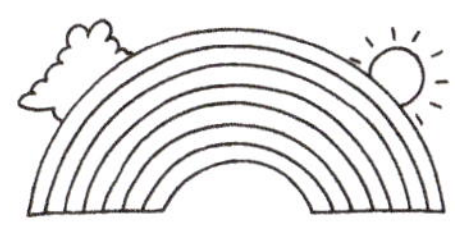

Re
ken
gen
bo
gen

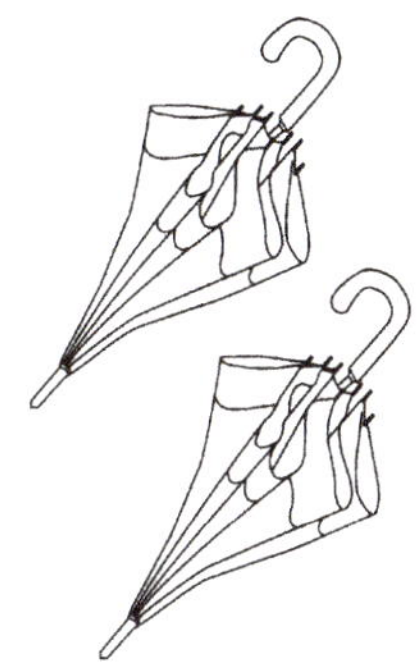

Re
gen
chir
schir
me

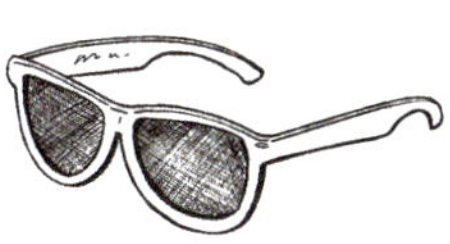

Son
nen
pril
bril
le

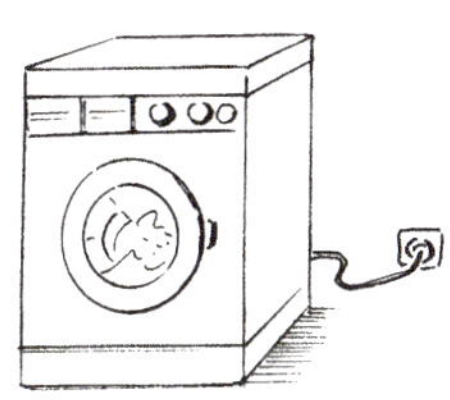

Wasch
ma
na
schi
ne

Kin
der
wa
ken
gen

Schau
kel
pfer
te
de

Pa
Ba
de
wan
ne

Blu
men
va
ze
se

Selbsteinschätzung: So konnte ich die Aufgaben:	**Auswertung:** Du erreichst ________ von 9 Punkten.

Aufgabe: *Bilder benennen, Silben lesen, falsche Silbe streichen*
Punktevergabe: *1 Punkt je Aufgabe*

Hilfe: *Silben klatschen*

Name: ______________________________

Datum: ______________________________

Silben finden

Silbenbögen ankreuzen

Wo hörst du die Silbe? Kreuze den Silbenbogen an.

Fo

fer

Ker

ker

kel

sche

chen

Schau

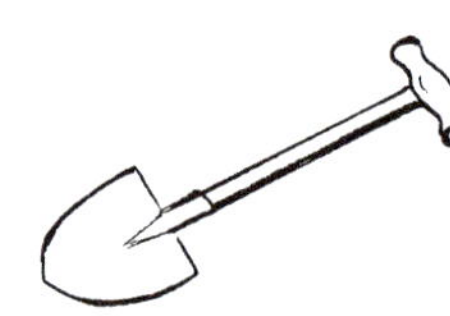

to

fe

del

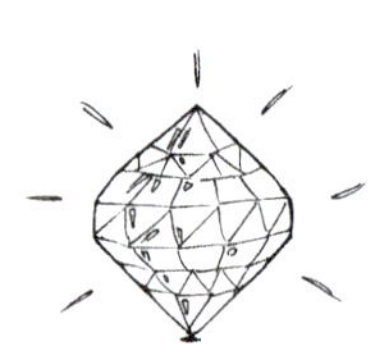

Bau

Selbsteinschätzung: So konnte ich die Aufgaben:	**Auswertung:** Du erreichst ________ von 12 Punkten.

Aufgabe: *Silbe lesen, Bild benennen, passenden Silbenbogen ankreuzen*
Punktevergabe: *1 Punkt je richtige Silbe*

Hilfe: *Silben klatschen*

Name: ______________________

Datum: ______________________

Silben finden

Silben in Silbenbögen eintragen (2–4 Silben)

Wo hörst du die Silbe? Schreibe sie in den Silbenbogen.

der

de

La

cher

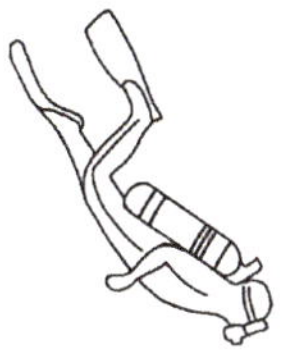

te

hau

Do

ser

gen

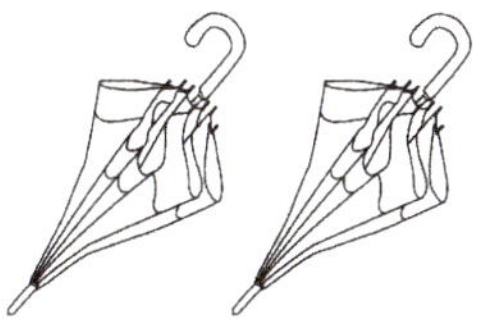

de

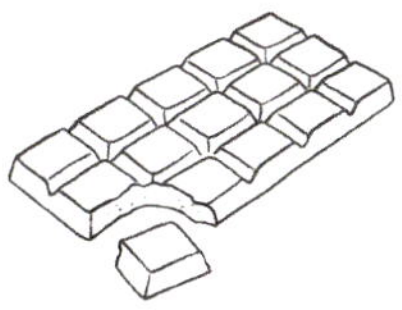

Fe

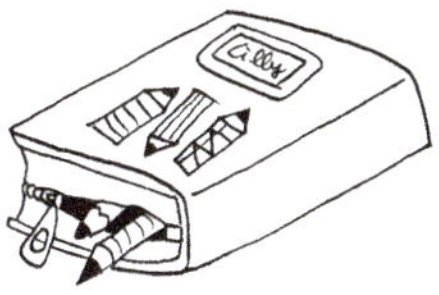

gum

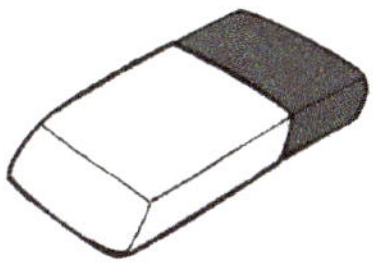

Selbsteinschätzung: So konnte ich die Aufgaben:	**Auswertung:** Du erreichst ________ von 12 Punkten.

Aufgabe: *Silbe lesen, Bild benennen, Silbe passend eintragen*

Punktevergabe: *1 Punkt je richtige Silbenzuordnung*

Hilfe: *Silben klatschen*

Name: ______________________

Datum: ______________________

Silben finden

Silben in Silbenbögen eintragen (5 Silben)

Wo hörst du die Silbe? Schreibe sie in den Silbenbogen.

ra	ten	Pi	schif

mo	ko	ve	ti

Ma	kä	ri	fer

sau	no	Di	er

Selbsteinschätzung: So konnte ich die Aufgaben:	**Auswertung:** Du erreichst ______ von 16 Punkten.

Aufgabe: *Silbe lesen, Bild benennen, Silbe passend eintragen*
Punktevergabe: *1 Punkt je richtige Silbenzuordnung*

Hilfe: *Silben klatschen*

Name: ____________________________

Datum: ____________________________

Wörter (Silbengliederung)

Silbenanzahl ermitteln

Welche Silbenbögen **passen** zum Bild? Male nach.

Selbsteinschätzung: So konnte ich die Aufgaben:	**Auswertung:** Du erreichst ________ von 12 Punkten.

Aufgabe: *Bild benennen, Silbenanzahl ermitteln, Silbenbögen nachspuren*
Punktevergabe: *1 Punkt je Aufgabe*

Hilfe: *Silben klatschen*

Name: ______________________

Datum: ______________________

Wörter (Silbengliederung)

Wort zum Bild ankreuzen

Welches Wort **passst** zum Bild? Kreuze es an.

☐ Rabe
☐ Rübe
☐ Reibe

☐ Hase
☐ Hose
☐ Haus

☐ Sofa
☐ Sonne
☐ Seife

☐ Schaukel
☐ Schaufel
☐ Schaum

☐ Name
☐ Nadel
☐ Nagel

☐ Rosine
☐ Romane
☐ Ramona

☐ Mikado
☐ Melodie
☐ Melone

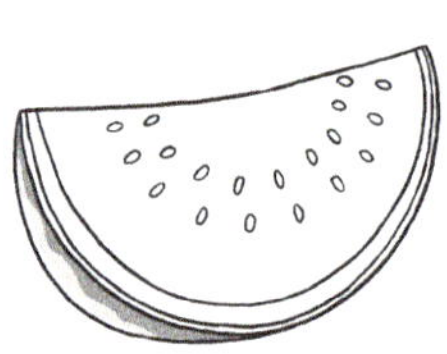

☐ Trampete
☐ Trompete
☐ Trumpete

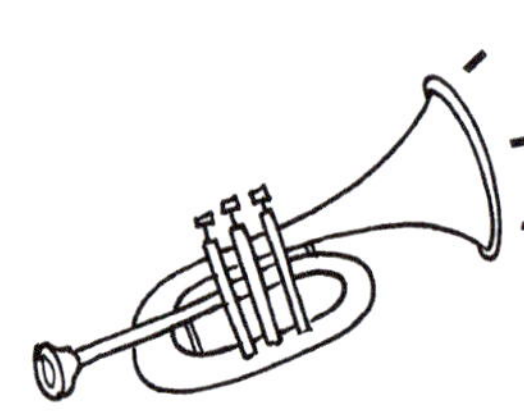

Selbsteinschätzung: So konnte ich die Aufgaben:	**Auswertung:** Du erreichst ________ von 8 Punkten.

Aufgabe: *Wörter lesen, Bild benennen, zuordnen*
Punktevergabe: *1 Punkt je Aufgabe*

Name: ______________________

Datum: ______________________

Wörter (Silbengliederung)

Bild und Wort verbinden

Welches Wort **passt** zum Bild? Verbinde.

Lama • Elefant • Hund • Tiger • Delfin

Pirat • Zauberer • Fee • Königin • Räuber

Erdbeere • Birne • Nuss • Melone • Banane

Palme • Sonnenblume • Kaktus • Tulpe • Löwenzahn

Selbsteinschätzung: So konnte ich die Aufgaben:	**Auswertung:** Du erreichst ______ von 20 Punkten.

Aufgabe: Wörter lesen, Bild erkennen, zuordnen
Punktevergabe: *1 Punkt je richtige Wortzuordnung*

Name: ______________________________

Datum: ______________________________

Wörter (Silbengliederung)

Vokale einsetzen

1 Welcher **Vokal fehlt**? Setze ihn ein.

Sch__le W__gen H__t T__ger S__fa

2 Es fehlen **zwei Vokale**. Setze sie ein.

El__f__nt L__w__ N__sh__rn __ff__ __s__l

Pl__n__t L__p__ F__br__k T__ss__ R__bb__

3 Es fehlen **drei Vokale**. Setze sie ein.

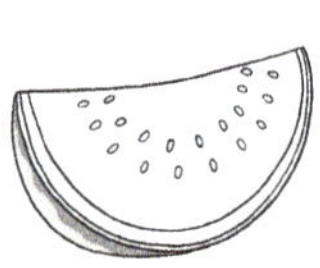   

M__l__n__ L__b__ll__ P__l__k__n B__k__n__

Selbsteinschätzung: So konnte ich die Aufgaben:	**Auswertung:** Du erreichst ______ von 37 Punkten.

Aufgabe: *Bilder benennen, fehlende Vokale einsetzen*
Punktevergabe: *1 Punkt je richtigen Vokal*

Name: ______________________

Datum: ______________________

Wörter (Silbengliederung)

Wörter aus 2 Silben bilden

1 Notiere das **Wort zum Bild**. Die Silben helfen dir.

2 Ein **Bild fehlt**. Lies die Silben, schreibe und male.

Do Ta Lei Ku Fe Ra chen be sche se ne der

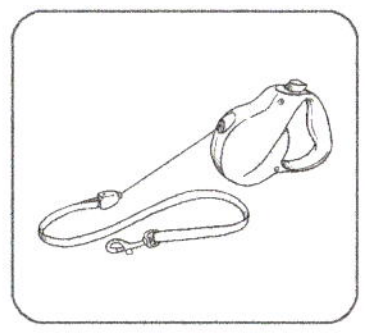

Gur Ap Ba Pflau Kir Sa fel lat na ke ne me schen

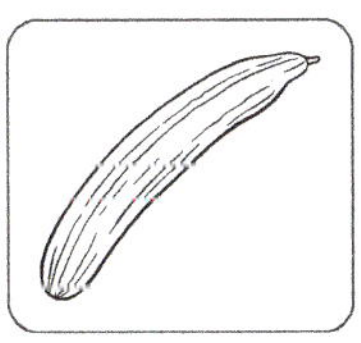

Selbsteinschätzung: So konnte ich die Aufgaben:	**Auswertung:** Du erreichst ______ von 14 Punkten.

Aufgabe 1: *Bilder benennen, Silben finden, wegstreichen und Wort schreiben*
Aufgabe 2: *fehlendes Wort bilden, Bild malen und Wort schreiben*
Punktevergabe: *1 Punkt je Wort und Bild (2. Aufgabe)* ***Hilfe:*** *Silben klatschen*

Name: ______________________

Datum: ______________________

Wörter (Silbengliederung)

Wörter aus 4 Silben bilden

1 Notiere das **Wort zum Bild**. Die Silben helfen dir.

2 Ein **Bild fehlt**. Lies die Silben, male und schreibe.

Kran Vo Li Fuß ken re wa ball
gen mo gel nes na ter to de

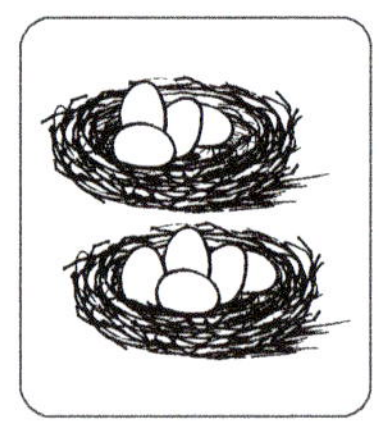

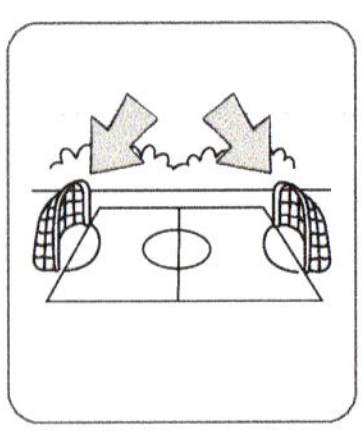

Win Ba Hun Zi nen ter an de
man tel de zug hüt tro eis te

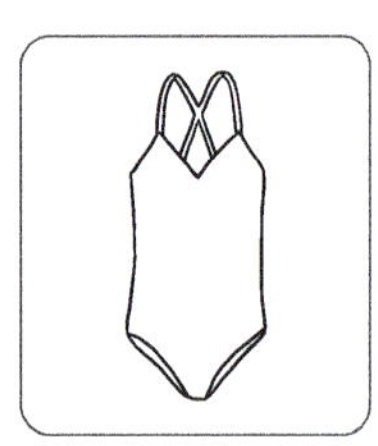

Selbsteinschätzung: So konnte ich die Aufgaben:	**Auswertung:** Du erreichst ______ von 10 Punkten.

Aufgabe 1: *Bilder benennen, Silben finden, wegstreichen und Wort schreiben*
Aufgabe 2: *fehlendes Wort bilden, Bild malen und Wort schreiben*
Punktevergabe: *1 Punkt je Wort und Bild (2. Aufgabe)*
Hilfe: *Silben klatschen*

Name: ____________________

Datum: ____________________

Wörter (Silbengliederung)

Zahlen und Farben lesen

1 Lies und notiere die **Zahlen**.

eins ☐	drei ☐	fünf ☐	zwei ☐
vier ☐	sechs ☐	neun ☐	acht ☐
zehn ☐	sieben ☐	zwölf ☐	elf ☐

2 Male den Kasten in der richtigen **Farbe** an

rot ☐	gelb ☐	blau ☐	grün ☐
schwarz ☐	rosa ☐	weiß ☐	grau ☐

3 Male den Kasten in der richtigen **Farbe** an. Die Silben helfen dir.

himmelblau ☐	zitronengelb ☐	grasgrün ☐
rabenschwarz ☐	rosarot ☐	mausgrau ☐
schneeweiß ☐	hellbraun ☐	blutrot ☐

Selbsteinschätzung: So konnte ich die Aufgaben: 🙂 😐 🙁	**Auswertung:** Du erreichst ______ von 29 Punkten.

Aufgabe: *Wort lesen, Zahl schreiben / Farbe malen*
Punktevergabe: *1 Punkt je Wort*

Name: ____________________

Datum: ____________________

Wörter (Silbengliederung)

Wort-Bild-Zuordnung mit Silben 1

Lies das Wort und **nummeriere** das Bild. Die Silben helfen dir.

① Elefant ② Pelikan ③ Krokodil ④ Gorilla

○  ○  ○  ○ 

① Laterne ② Mond ③ Sonne ④ Taschenlampe

○  ○  ○  ○ 

① Eule ② Baum ③ Vogelnest ④ Regenbogen

○ 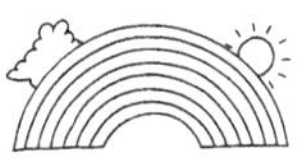 ○  ○  ○ 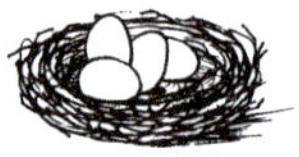

① Kino ② Kind ③ Popcorn ④ Kinokarte

○  ○  ○ 

○ 

Selbsteinschätzung: So konnte ich die Aufgaben: 🙂 😐 🙁	**Auswertung:** Du erreichst ______ von 16 Punkten.

Aufgabe: *Wort lesen, Bild zuordnen*
Punktevergabe: *1 Punkt je Wort*

Name: ______________________________

Datum: ______________________________

Wörter (Silbengliederung)

Wort-Bild-Zuordnung mit Silben 2

Lies das Wort und **nummeriere** das Bild. Die Silben helfen dir.

① Käse ② Brot ③ Honig ④ Marmelade ⑤ Butter

○ 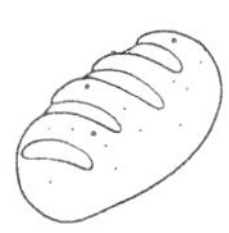 ○  ○  ○  ○ 

① Buch ② Stifte ③ Hefte ④ Ranzen ⑤ Sportbeutel

○ 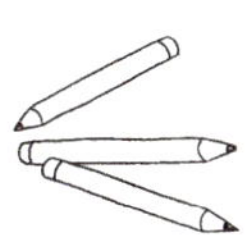 ○  ○  ○  ○ 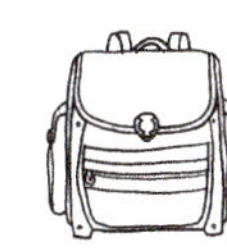

① Musik ② Fernseher ③ Radio ④ Kopfhörer ⑤ Computer

○  ○ 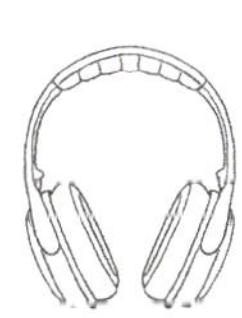 ○  ○  ○ 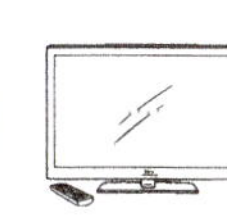

① Katze ② Hunde ③ Mäuse ④ Schafe ⑤ Regenwürmer

○  ○  ○  ○  ○ 

Selbsteinschätzung: So konnte ich die Aufgaben:	**Auswertung:** Du erreichst ________ von 20 Punkten.

Aufgabe: *Wort lesen, Bild zuordnen*
Punktevergabe: *1 Punkt je Wort*

Name: ______________________

Datum: ______________________

Wort-Bild-Zuordnung

Ein Bild – 3 Wörter (ankreuzen)

Lies und finde das **passende Bild.** Kreuze an.

- ☐ Rad
- ☐ Roller
- ☐ Mofa

- ☐ Blume
- ☐ Salat
- ☐ Busch

- ☐ Feder
- ☐ Füller
- ☐ Faden

- ☐ Tuch
- ☐ Tube
- ☐ Tuba

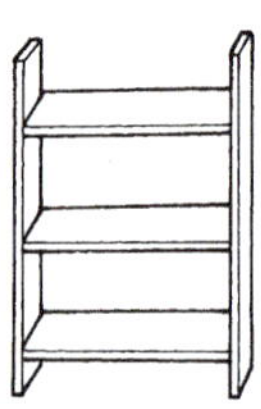

- ☐ Kiste
- ☐ Kasten
- ☐ Regal

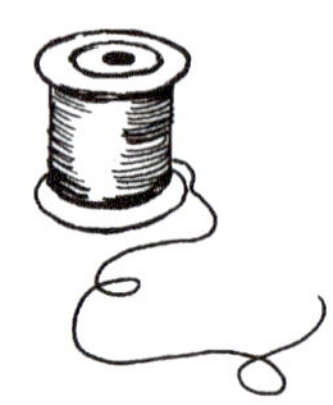

- ☐ Faden
- ☐ Leine
- ☐ Seil

- ☐ Ente
- ☐ Rabe
- ☐ Möwe

- ☐ Fisch
- ☐ Delfin
- ☐ Wale

- ☐ Wolke
- ☐ Watte
- ☐ Wolle

- ☐ Lappen
- ☐ Lampe
- ☐ Lama

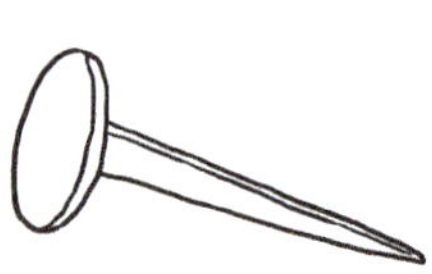

- ☐ Nadel
- ☐ Nudel
- ☐ Nagel

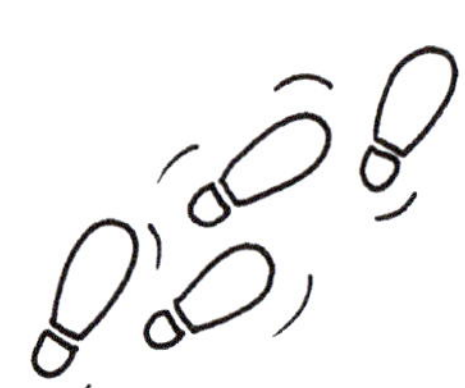

- ☐ Spiel
- ☐ Speer
- ☐ Spur

Selbsteinschätzung: So konnte ich die Aufgaben: 🙂 😐 🙁	**Auswertung:** Du erreichst ________ von 12 Punkten.

Aufgabe: *Wort lesen, Bild zuordnen*
Punktevergabe: *1 Punkt je Wort*

Name: ____________________

Datum: ____________________

Wort-Bild-Zuordnung

Ein Bild – 3 Wörter (verbinden)

Lies und finde das **passende Wort**. Verbinde.

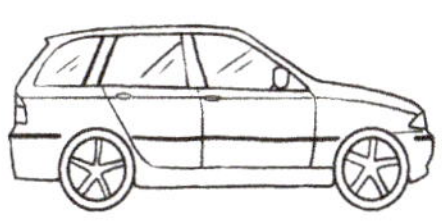

- Automat
- Auge
- Auto

- Taube
- Traum
- Daumen

- Raupe
- Rauch
- Robbe

- Reiter
- Reis
- Riese

- Ziege
- Zeiger
- Zeitung

- Junge
- Jäger
- Jaguar

- Bach
- Buch
- Busch

- Stuhl
- Stall
- Storch

- Ente
- Vogel
- Vogelnest

- Karte
- Katze
- Kralle

- Pfütze
- Pflaume
- Pferd

- Feuerwehr
- Taxi
- Polizei

Selbsteinschätzung: So konnte ich die Aufgaben: 🙂 😐 🙁	**Auswertung:** Du erreichst ______ von 12 Punkten.

Aufgabe: *Wort lesen, Bild zuordnen*
Punktevergabe: *1 Punkt je Wort*

Name: ______________________

Datum: ______________________

Wort-Bild-Zuordnung

6 Bilder – 6 Wörter (nummerieren)

Lies und finde das **passende Bild**. Nummeriere.

① Ringelnatter	② Schmetterling	③ Kreuzspinne

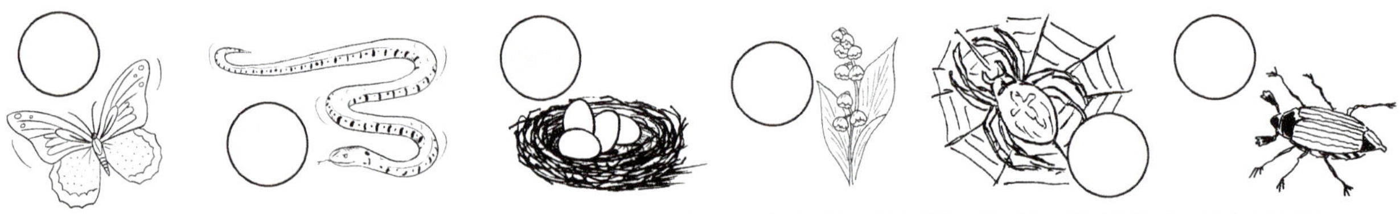

④ Maiglöckchen	⑤ Maikäfer	⑥ Meisennest

① Zebrastreifen	② Fußweg	③ Bushaltestelle

④ Baustelle	⑤ Fahrradweg	⑥ Schülerlotsen

① Badeanzug	② Schwimmflügel	③ Badetasche

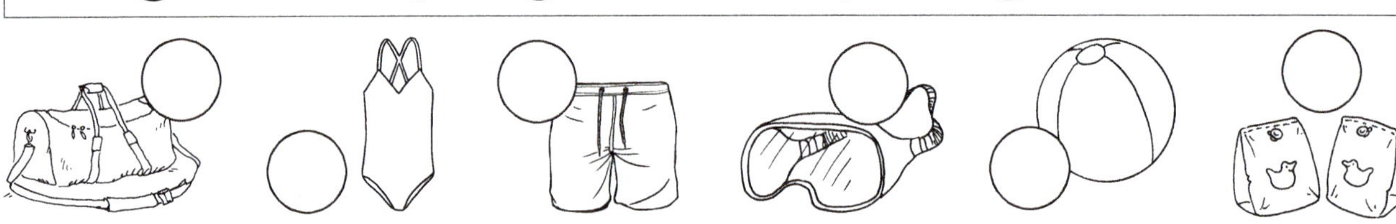

④ Badehose	⑤ Taucherbrille	⑥ Wasserball

Selbsteinschätzung: So konnte ich die Aufgaben:	**Auswertung:** Du erreichst ________ von 18 Punkten.

Aufgabe: *Wort lesen, Nummer eintragen*
Punktevergabe: *1 Punkt je Wort*

Name: ______________________

Datum: ______________________

Wort-Bild-Zuordnung

6 Bilder – 6 Wörter
(schwere Laute: Qu/qu, Sp/St, V/v)

Lies und finde das **passende Bild**. Nummeriere.

① Quark ② Qualm ③ Qualle

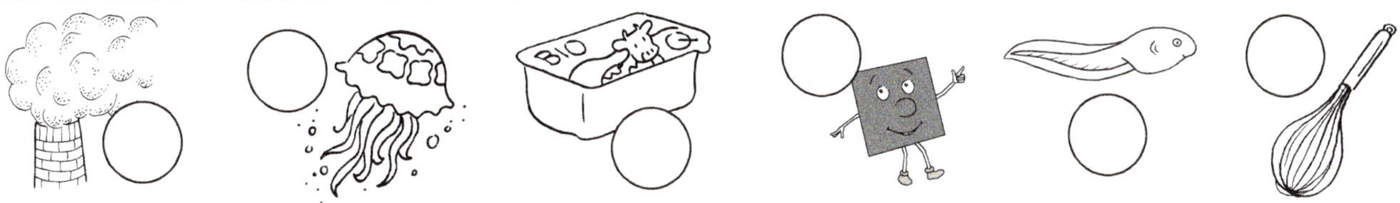

④ Quirl ⑤ Quadrat ⑥ Kaulquappe

① Spinne ② Storch ③ Stuhl

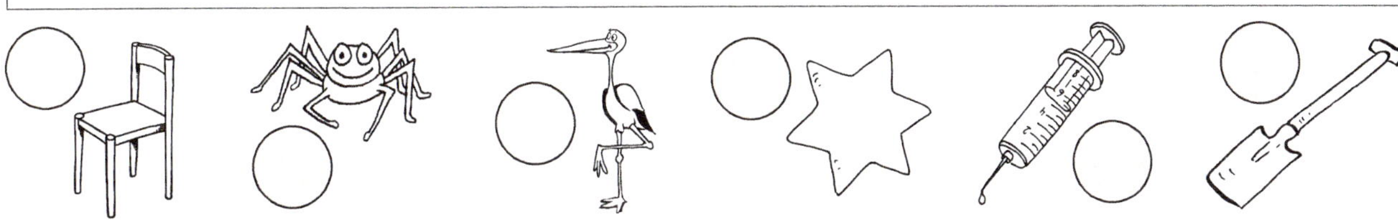

④ Spaten ⑤ Stern ⑥ Spritze

① Vampir ② Pullover ③ Vogel

④ Vater ⑤ Vase ⑥ Kurve

Selbsteinschätzung: So konnte ich die Aufgaben: 🙂 😐 🙁	**Auswertung:** Du erreichst ______ von 18 Punkten.

Aufgabe: *Wort lesen, Nummer eintragen*
Punktevergabe: *1 Punkt je Wort*

Name: ______________________________

Datum: _____________________________

Wort-Bild-Zuordnung

6 Bilder – 6 Wörter
(schwere Laute: C/c, Pf/pf, x)

Lies und finde das **passende Bild**. Nummeriere.

① Computer	② Clown	③ China

④ Marco	⑤ Conny	⑥ Disco

① Kopf	② Pfütze	③ Zopf

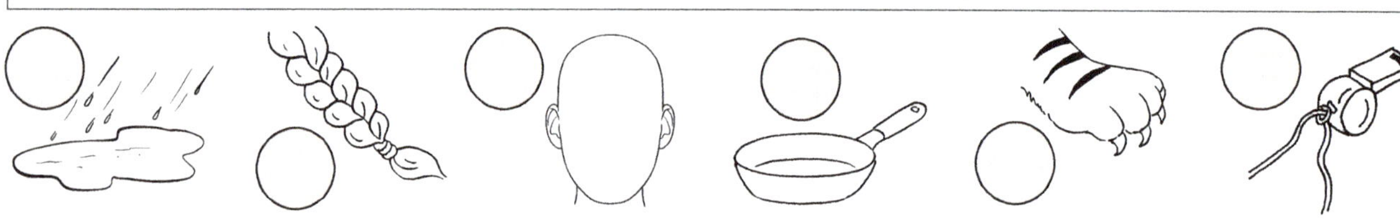

④ Pfeife	⑤ Pfanne	⑥ Pfote

① Hexe	② Nixe	③ Mixer

④ Taxi	⑤ Lexikon	⑥ Boxer

Selbsteinschätzung: So konnte ich die Aufgaben:	**Auswertung:** Du erreichst ______ von 18 Punkten.

Aufgabe: *Wort lesen, Nummer eintragen*
Punktevergabe: *1 Punkt je Wort*

Name: ______________________

Datum: ______________________

Wort-Bild-Zuordnung

Rätsel

Schreibe die Wörter in das Rätsel.
Für jeden Buchstaben gibt es ein Kästchen.
Die farbigen Kästchen ergeben ein Lösungswort.

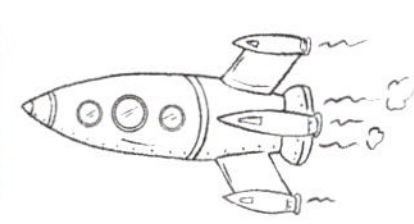

Nudel
Pokal
Frosch
Rakete
Ameise
Salat
Igel
Haus
Telefon
Domino

Lösungswort:

Selbsteinschätzung:
So konnte ich die Aufgaben:

Auswertung:
Du erreichst ______ von 12 Punkten.

Aufgabe: *Bilder benennen und Wort eintragen, Lösungswort eintragen und malen*
Punktevergabe: *1 Punkt je Wort sowie Lösungswort und -bild*

Name: ______________________

Datum: ______________________

Lautgetreue Wörter bilden

Wörter mit 2 und 3 Silben

1 Notiere das **Wort zum Bild**. Alle Wörter haben 2 Silben.

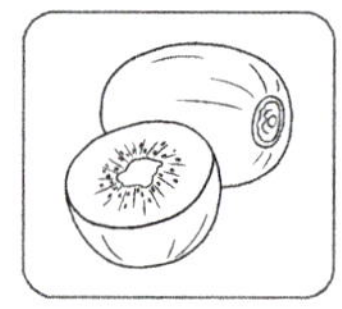

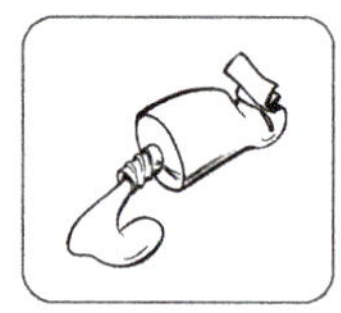

2 Notiere das **Wort zum Bild**. Alle Wörter haben 3 Silben.

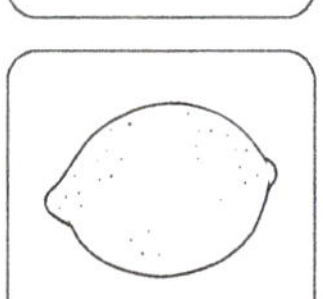

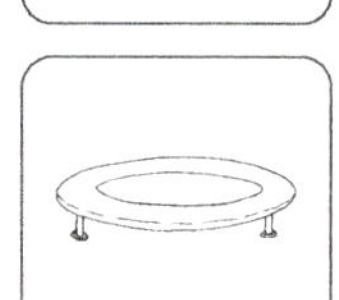

Selbsteinschätzung: So konnte ich die Aufgaben:	**Auswertung:** Du erreichst ________ von 16 Punkten.

Aufgabe: *Bild benennen, Silben sprechen, Wort schreiben*
Punktevergabe: *1 Punkt je Wort*

Name: ______________________

Datum: ______________________

Lautgetreue Wörter bilden

Wörter mit 4 Silben

1 Notiere das **Wort zum Bild**. Alle Wörter haben 4 Silben.

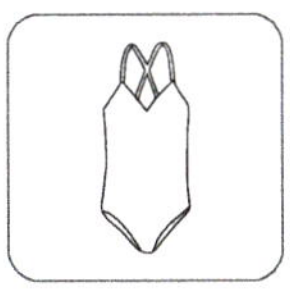

2 Die Bilder ergeben **zusammengesetzt** ein langes Wort. Notiere. Alle Wörter haben 4 Silben.

 + 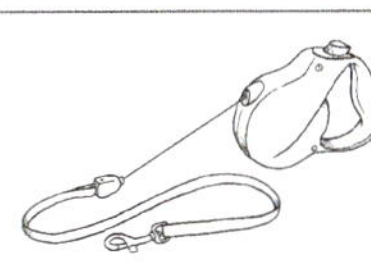

 + 

 + 

 + 

 + 

 + 

Selbsteinschätzung:
So konnte ich die Aufgaben:

Auswertung:
Du erreichst ______ von 12 Punkten.

Aufgabe: *Bilder benennen, in Silben sprechen, Wort schreiben*
Punktevergabe: *1 Punkt je Wort*

Name: ______________________

Datum: ______________________

Stolperwörter

Wörter mit 2 Silben

In jedem Wort versteckt sich eine **falsche Silbe**.
Streiche sie durch. ~~Wort~~
Schreibe das Wort auf. Es hat 2 Silben. A

Sofifa

Lalama

Hahose

Jusodo

Gabelfel

Ofemfen

WolWulken

Lubepe

Rosase

Eisermer

Selbsteinschätzung: So konnte ich die Aufgaben:	**Auswertung:** Du erreichst ______ von 20 Punkten.

Aufgabe: *Bild erkennen, Wort lesen, falsche Silbe streichen, Wort schreiben*
Punktevergabe: *2 Punkte je Wort (streichen und schreiben)*

Name: ______________________

Datum: ______________________

Stolperwörter

Wörter mit 3 Silben

In jedem Wort versteckt sich eine **falsche Silbe**.
Streiche sie durch. ~~Wort~~
Schreibe das Wort auf. Es hat 3 Silben. A

Ameimose

Kabipitän

NiMikolaus

Paprigerka

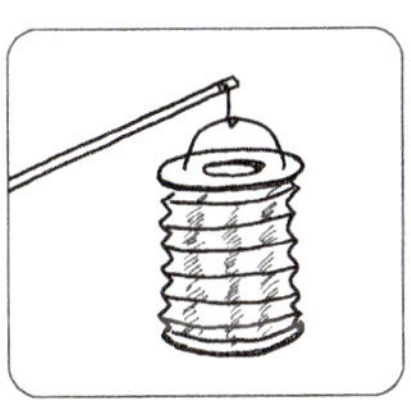
Latermene

Känduguru

MiNikrofon

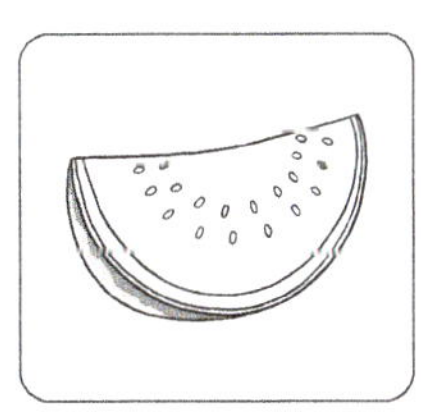
Melonine

PriefBriefmarke

Postkartate

Selbsteinschätzung: So konnte ich die Aufgaben:	**Auswertung:** Du erreichst ______ von 20 Punkten.

Aufgabe: *Bild erkennen, Wort lesen, falsche Silbe streichen, Wort schreiben*
Punktevergabe: *2 Punkte je Wort (streichen und schreiben)*

Name: ______________________

Datum: ______________________

Stolperwörter
Wörter mit 4 Silben

In jedem Wort versteckt sich eine **falsche Silbe**.
Streiche sie durch. ~~Wort~~
Schreibe das Wort auf. Es hat 4 Silben.

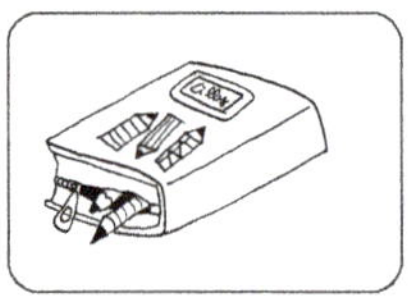
Feterdertasche ______________________

Abwallfalleimer ______________________

Fußballschulehe ______________________

PiBiratenhut ______________________

Huntedekuchen ______________________

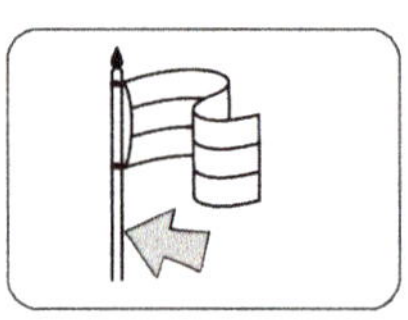
Fahnenstangeke ______________________

Gartenzwerwerge ______________________

Paketpobote ______________________

Selbsteinschätzung: So konnte ich die Aufgaben: 🙂 😐 🙁	**Auswertung:** Du erreichst ______ von 16 Punkten.

Aufgabe: *Bild erkennen, Wort lesen, falsche Silbe streichen, Wort schreiben*
Punktevergabe: *2 Punkte je Wort (streichen und schreiben)*

Name: ______________________
Datum: ______________________

Reimwörter

Reimwörter finden (Bilder und Wörter)

1 Finde Reimwörter. Streiche **falsche Bilder**.

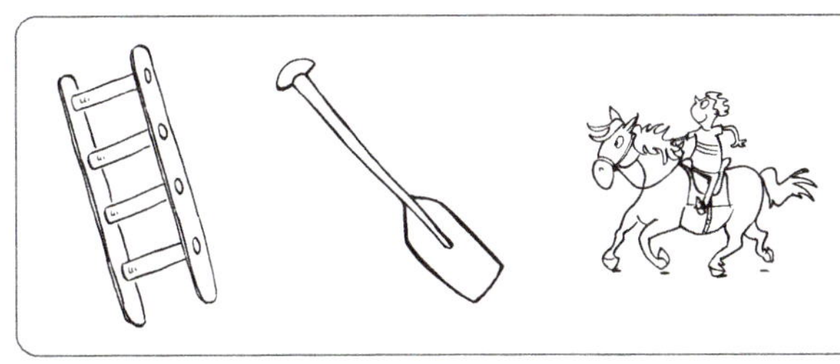

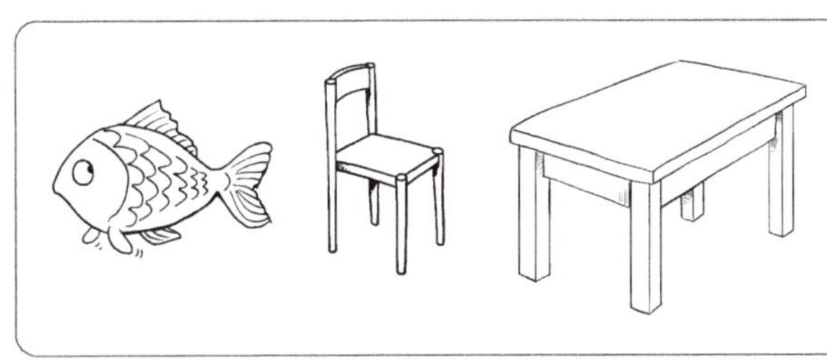

2 Lies und finde die Reimwörter. Streiche **falsche Wörter**.

Mut • Mutter • Hut

Dieb • Reibe • Sieb

Meise • Reise • Miete

Suppe • Seife • Puppe

Kater • Katze • Tatze

Wanne • Tanne • Tinte

Selbsteinschätzung: So konnte ich die Aufgaben:	**Auswertung:** Du erreichst ________ von 12 Punkten.

Aufgabe 1: *Bilder benennen, Reimwörter erkennen, falsche Bilder streichen*
Aufgabe 2: *Wörter lesen, Reimwörter erkennen, falsche Wörter streichen*
Punktevergabe: *1 Punkt je richtig gestrichenes Bild/Wort*

Name: ______________________

Datum: ______________________

Reimwörter

Reimwörter finden

Lies und finde die Reimwörter. Streiche **falsche Wörter**. ~~Wort~~

Wanne • Wunder • Kanne • Tanne • Tonne • Susanne

rufen • laufen • raufen • reifen • kaufen • taufen • saufen

gehen • geben • stehen • sehen • suchen • flehen • verstehen

Qualle • Felle • Halle • Falle • Kralle • alle • Bälle

Hand • Strand • Rand • Rind • Wand • Stall • Band

Laus • Maus • Stuhl • Haus • raus • Hut

Busch • Baum • Traum • Saum • Schwein • Raum • Schaum

bleiben • schieben • treiben • tragen • schreiben • reiben

Selbsteinschätzung: So konnte ich die Aufgaben:	**Auswertung:** Du erreichst ______ von 16 Punkten.

Aufgabe: *Wörter lesen, Reimwörter erkennen, falsche Wörter streichen*
Punktevergabe: *1 Punkt je richtig gestrichenes Wort*

Name: ____________________

Datum: ____________________

Reimwörter

Reimwörter zuordnen

Lies und **ordne** die Reimwörter richtig ein.

das Licht • das Fach • der Wicht • das Dach • die Schicht • das Schach

der Bericht			
der Bach			

singen • liegen • ringen • siegen • bringen • wiegen

verschlingen			
biegen			

klein • fein • hauen • rein • bauen • klauen

gemein			
schauen			

Selbsteinschätzung: So konnte ich die Aufgaben:	**Auswertung:** Du erreichst ______ von 18 Punkten.

Aufgabe: *Wörter lesen, Reimwörter erkennen, passend notieren*
Punktevergabe: *1 Punkt je richtig zugeordnetes Wort*

Name: ______________________

Datum: ______________________

Oberbegriffe

Oberbegriffen zuordnen

Lies und **ordne** dem Oberbegriff zu. Kreise ein.

Obst

Gemüse

Tomate Apfel Pflaume Möhre

Kirsche Kohlrabi Bohne

Himbeere Birne Erbsen

Bäume

Blumen

Eiche Krokus Buche Tulpe

Birke Kastanie Rose Ahorn

Stiefmütterchen Margerite

Möbel

Schulsachen

Bett Regal Hefte

Sofa Bleistift Sessel Brotdose

Ranzen Tisch Füller

Selbsteinschätzung: So konnte ich die Aufgaben:	**Auswertung:** Du erreichst ______ von 30 Punkten.

Aufgabe: *Wörter lesen, passend farbig einkreisen*
Punktevergabe: *1 Punkt je richtig eingekreistes Wort*

Name: ______________________

Datum: ______________________

Oberbegriffe

Oberbegriffe erkennen 1

1 Lies und streiche 2 Wörter, die **nicht passen**.

Hund • Katze • Maus • Puppe • Pferd • Teddybär • Esel

Schokolade • Bonbon • Apfel • Kaugummi • Eis • Birne • Lolli

Auto • Bus • Fahrrad • Lastwagen • Roller • Wohnmobil • Traktor

Kaffee • Tee • Wasser • Pudding • Limonade • Apfelsaft • Joghurt

Hose • Jacke • Tasche • Strümpfe • Hemd • Mantel • Koffer

2 Lies und **ordne** den Oberbegriffen zu.

Rasen • Sonne • Zaun • Stern • Weide • Wolke • Mond • Pferd

auf der Erde		am Himmel	

Selbsteinschätzung:	**Auswertung:**
So konnte ich die Aufgaben:	Du erreichst ______ von 18 Punkten.

Aufgabe 1: *Wörter lesen, Oberbegriff erkennen und falsche Wörter streichen*
Aufgabe 2: *Wörter lesen, Begriffe richtig in die Tabelle einordnen*
Punktevergabe: *1 Punkt je richtig gestrichenes/eingeordnetes Wort*

Name: ______________________

Datum: ______________________

Oberbegriffe

Oberbegriffe erkennen 2

1 Lies und streiche 2 Dinge, die **nicht passen**. ~~Wort~~

Heft Fibel Buch Bleistift
Zeitschrift Zeitung Radierer

Buntstift Anspitzer Bleistift Füller
Kugelschreiber Lineal Filzstift

Banane Orange Birne Gurke
Pfirsich Tomate Weintraube

2 Lies und **ordne** den Oberbegriffen zu.

Fisch • Ente • Schiff • Wasserball • Stein • Tauchring • Anker • Geldstück

schwimmt		schwimmt nicht	

Selbsteinschätzung: So konnte ich die Aufgaben:	**Auswertung:** Du erreichst ______ von 14 Punkten.

***Aufgabe 1:** Wörter lesen, Oberbegriff erkennen und falsche Wörter streichen*
***Aufgabe 2:** Wörter lesen, Begriffe richtig in die Tabelle einordnen*
***Punktevergabe:** 1 Punkt je richtig gestrichenes/eingeordnetes Wort*

Name: ____________________

Datum: ____________________

Wortlücken füllen

Silben ergänzen

(3 Silben zur Auswahl)

Welche Silbe **passt**? Ergänze das Wort.

ma | na | sa

das La____

be | pe | ge

der Ra____

Mau | Mei | Mie

die ____se

Tu | Tei | Tau

der ____cher

mo | mi | no

das Do____no

A | O | U

der ____fen

te | tu | to

das Au____

Läu | Lo | Lei

die ____ne

schel | chel | cher

die Mu____

Mo | Me | Ma

die ____lone

Su | Sa | So

das ____fa

ge | ke | pe

das Au____

fun | fan | fin

der Del____

ler | la | le

die Qual____

ta | te | to

die Toma____

Selbsteinschätzung: So konnte ich die Aufgaben:	**Auswertung:** Du erreichst ______ von 15 Punkten.

Aufgabe: *Silben lesen, Wort erkennen, Lücke ergänzen*
Punktevergabe: *1 Punkt je richtig ergänztes Wort*

Name: ______________________

Datum: ______________________

Wortlücken füllen

Silben ergänzen (8–10 Silben zur Auswahl)

1 Wie heißt das **Instrument**? Setze die Silben in die Lücken ein.

pe	gel	sau	ge	Tam	flö	Kla	ke	tar

die Trom_____te die Gi____re das ____vier

die Or____ die Gei____ die Block____te

die Po____ne das ____burin die Pau____

2 Wie heißt das **Tier**? Setze die Silben in die Lücken ein.

ko	fe	chen	min	pard	Ze	ze	lo	Na

das Kro____dil der Leo_____ das ____bra

das Rhino__ros die Anti____pe der ____senbär

die Giraf _____ der Fla____go das Erdmänn____

3 Wie heißt das **Land**? Setze die Silben in die Lücken ein.

Finn	len	den	li	ne	kei	Nor	en	land

Eng_____ ____wegen Spani____

Dä____mark Ita__en Po_____

Schwe____ _____land Tür_____

Selbsteinschätzung: So konnte ich die Aufgaben: 🙂 😐 🙁	**Auswertung:** Du erreichst ______ von 27 Punkten.

Aufgabe: *Silben lesen, Wort erkennen, Lücke ergänzen*
Punktevergabe: *1 Punkt je richtig ergänztes Wort*

Name: ______________________

Datum: ______________________

Wortlücken füllen

Silben ergänzen (ohne Vorgabe)

1 Welches Wort ist das? Setze die **fehlende Silbe** ein.
Die Bilder helfen dir.

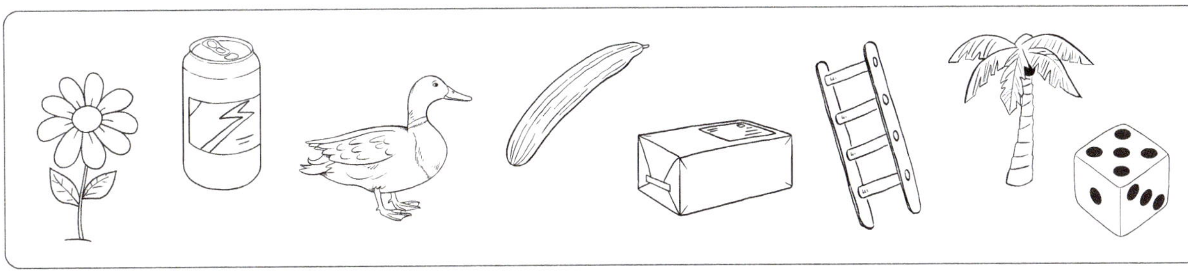

die Blu____	die Do____	die En____	die Gur____
das Pa____	die Lei____	die Pal____	der Wür____

der Be____	die Scha____	der Ei____	der Peli____
die Eu____	der Rol____	das Hufei____	die ____melade

2 Welches Wort ist das? Setze die **fehlende Silbe** ein.

die Hundehüt____	das Kat____klo	der Vo____käfig
die Pfer____box	der Hüh____hof	die Kuhwei____

Selbsteinschätzung: So konnte ich die Aufgaben:	**Auswertung:** Du erreichst ______ von 22 Punkten.

Aufgabe: *Wort lesen und erkennen, Lücke ergänzen*
Punktevergabe: *1 Punkt je richtig ergänztes Wort*

Name: ______________________________

Datum: ______________________________

Wörter lesen und malen

Farben

Lies die **Farbwörter**.

Male an.

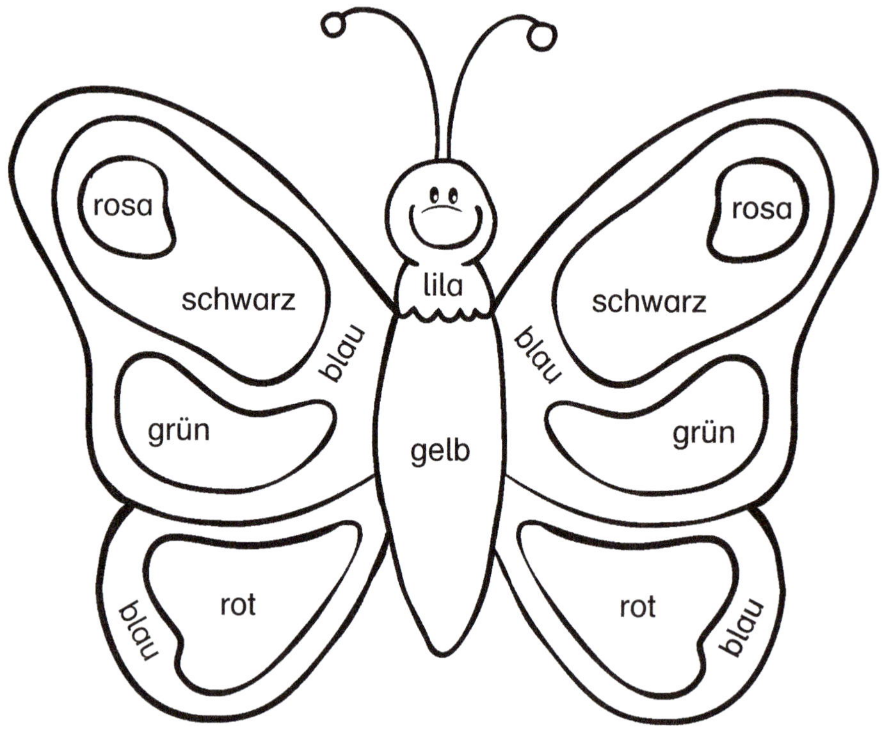

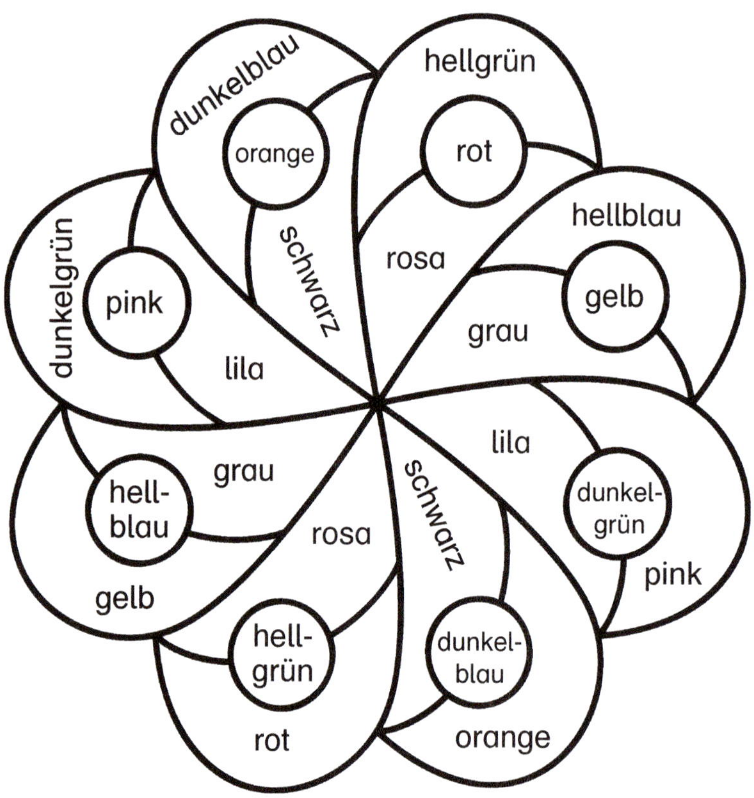

Selbsteinschätzung: So konnte ich die Aufgaben:	**Auswertung:** Du erreichst ________ von 38 Punkten.

Aufgabe: *Wörter lesen, Felder entsprechend ausmalen*
Punktevergabe: *1 Punkt je Farbfeld (Schmetterling: 14, Mandala: 24 Punkte)*

Name: ______________________

Datum: ______________________

Wörter lesen und malen

Farben und Körperteile/Kleidung

Lies die Wörter. Male an.

Hut: blau und gelb
Nase: rot
Schleife: grün und pink
Haare: braun
Blume: gelb und weiß
Gesicht: hautfarben

Kamm: rot
Punkte: gelb
Bauch: dunkelgrün
Flossen: dunkelblau
Luftblasen: hellblau
Körper: hellgrün

Selbsteinschätzung: So konnte ich die Aufgaben: ☺ 😐 ☹	**Auswertung:** Du erreichst ________ von 15 Punkten.

Aufgabe: *Wörter lesen, Felder entsprechend ausmalen*
Punktevergabe: *1 Punkt je Farbe (Seepferdchen: 6, Clown: 9 Punkte)*

Name: ______________________

Datum: ______________________

Zweiwortsätze

Satz-Bild-Zuordnung

1 Welcher Satz **passt** zum Bild? Verbinde

Toni weint.
Toni lacht.

Susi läuft.
Susi baut.

Opa sitzt.
Opa winkt.

Mama schreibt.
Mama schwimmt.

Papa badet.
Papa erzählt.

Oma liest.
Oma tankt.

2 Welcher Satz **passt** zum Bild? Verbinde

Sie kocht.	Er schläft.	Sie malt.	Er isst.

Hunde bellen.	Esel schreien.	Vögel fliegen.	Mäuse piepen.

Selbsteinschätzung: So konnte ich die Aufgaben:	**Auswertung:** Du erreichst ________ von 14 Punkten.

Aufgabe: *Sätze lesen, mit dem passenden Bild verbinden*
Punktevergabe: *1 Punkt je Satz*

Name: ____________________

Datum: ____________________

Zweiwortsätze

Sätze zu Bildern notieren 1 (mit Wortvorgaben)

Notiere zu jedem Bild einen **passenden Satz**.
Die Wörter im Kasten helfen dir.

Autos • Flugzeuge • Schiffe • fliegen • schwimmen • fahren

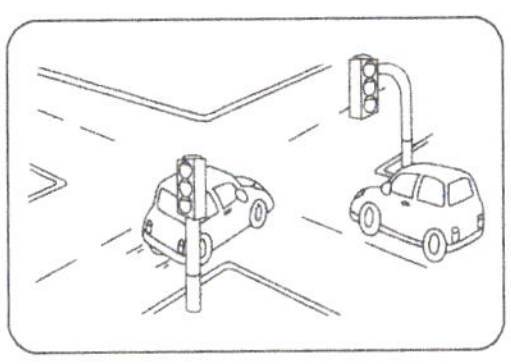

____

____

____

Kinder • Mädchen • Hunde • schlafen • telefonieren • malen

____

____

____

Selbsteinschätzung: So konnte ich die Aufgaben:	**Auswertung:** Du erreichst ______ von 18 Punkten.

Aufgabe: *Wörter lesen, Bilder betrachten, einen passenden Satz zum Bild schreiben*
Punktevergabe: *3 Punkte je Satz (mit Punkt!)*

Name: ______________________

Datum: ______________________

Zweiwortsätze

Sätze zu Bildern notieren 2 (mit Wortvorgaben)

Notiere zu jedem Bild einen **passenden Satz**.
Benutze die Wörter im Kasten.

Pferde • Hühner • Katzen • Hunde • Schweine • Schafe
grunzen • brüllen • wiehern • gackern • blöken • miauen • bellen

Selbsteinschätzung: So konnte ich die Aufgaben: 	**Auswertung:** Du erreichst ______ von 18 Punkten.

Aufgabe: *Wörter lesen, Bilder betrachten, einen passenden Satz zum Bild schreiben*
Punktevergabe: *3 Punkte je Satz (mit Punkt!)*

Name: ______________________________

Datum: ______________________________

Mehrwortsätze

Mehrwortsätze zuordnen 1

Lies die Sätze. Finde das **passende Bild**. Nummeriere.

1. Es ist sieben Uhr.
2. Der Wecker klingelt.
3. Samuel steht auf.
4. Samuel zieht sich an.
5. Er isst und trinkt.
6. Samuel geht zur Schule.

Selbsteinschätzung: So konnte ich die Aufgaben:	**Auswertung:** Du erreichst ________ von 12 Punkten.

Aufgabe: *Sätze lesen, Bilder betrachten, passende Satznummer eintragen*
Punktevergabe: *2 Punkte je Satz*

Name: ____________________

Datum: ____________________

Mehrwortsätze

Mehrwortsätze zuordnen 2

Lies die Sätze. Finde das **passende Bild**. Nummeriere.

1. Heute scheint die Sonne.
2. Sandra packt ihre Badetasche.
3. Sie setzt ihren Helm auf.
4. Sandra radelt zum Freibad.
5. Dort trifft sie ihre Freunde.
6. Die Kinder toben im Wasser.

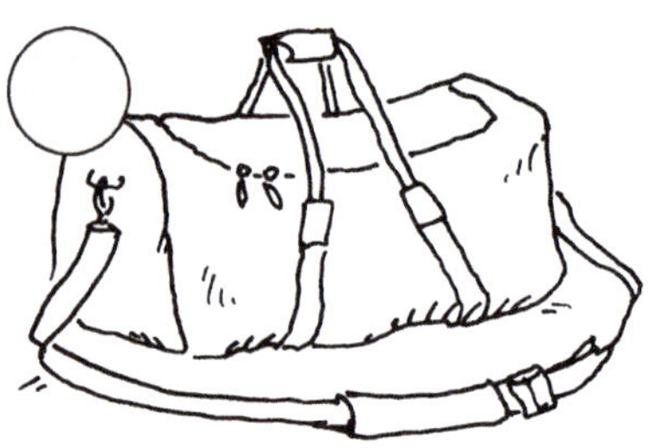

Selbsteinschätzung: So konnte ich die Aufgaben:	**Auswertung:** Du erreichst ________ von 12 Punkten.

Aufgabe: *Sätze lesen, Bilder betrachten, passende Satznummer eintragen*
Punktevergabe: *2 Punkte je Satz*

Name:
Datum:

Sätze lesen und malen

Farben, Formen, Körperteile/Kleidung

Lies die Sätze. Male.

Die Dreiecke sind rot.

Die Rechtecke sind gelb.

Die Quadrate sind blau.

Die Kreise sind lila.

Der Zwerg hat eine blaue Hose.

Das Hemd ist grün.

Er trägt braune Schuhe.

Seine Mütze ist rot gefärbt.

Das Gesicht ist rosa.

Er hat schwarze Handschuhe an.

Der Zwerg hat einen hellgrauen Bart.

Selbsteinschätzung: So konnte ich die Aufgaben:	**Auswertung:** Du erreichst ______ von 11 Punkten.

Aufgabe: *Sätze lesen, Felder entsprechend ausmalen*
Punktevergabe: *1 Punkt je Satz*

Name: ______________________

Datum: ______________________

Sätze lesen und malen

Bilder ergänzen

Lies die Sätze. Male.

Das Haus hat eine gelbe Wand.

Das Dach sieht rot aus.

Der Baumstamm ist dunkelbraun.

Die Blätter leuchten hellgrün.

Alle Blumen haben lila Blüten.

Am blauen Himmel scheint die gelbe Sonne.

Ein schwarzer Vogel sitzt neben dem Schornstein.

Am Strand liegt ein Handtuch mit blauen und gelben Streifen.

Ein Junge spielt mit einem grünen Eimer.

Er hat eine schwarze Schaufel in der Hand.

Ein roter Wasserball schwimmt auf den Wellen.

Ein Mädchen isst ein Schokoeis.

Am Himmel fliegen Vögel.

Ein gelbes Boot mit blauen Segeln fährt vorbei.

Selbsteinschätzung: So konnte ich die Aufgaben: ☺ 😐 ☹	**Auswertung:** Du erreichst ______ von 14 Punkten.

Aufgabe: *Sätze lesen, Bilder entsprechend gestalten*
Punktevergabe: *1 Punkt je Satz*

Name: ______________________

Datum: ______________________

Text vervollständigen

Lückentext ergänzen

Ergänze den Lückentext mit den Wörtern aus dem Kasten.

Spielplatz • Geschenk • Kiste • Fußweg • Waffeln • Geburtstag
Schatzsuche • Bücher und Spiele • Schatz • fünf

Anika feiert ______________.

Sie hat ________ Kinder eingeladen.

Alle bringen ein ______________ mit.

Sie freut sich über ______________________.

Nun gibt es ____________ und Kekse.

Dann wollen sie eine ______________ machen.

Sie folgen den Pfeilen auf dem ____________ und kommen am ______________ an.

Doch wo ist der __________ versteckt?

Plötzlich entdeckt Finn eine __________.

Selbsteinschätzung: So konnte ich die Aufgaben: ☺ 😐 ☹	**Auswertung:** Du erreichst ______ von 10 Punkten.

Aufgabe: *Sätze lesen, Lücken passend füllen*
Punktevergabe: *1 Punkt je Lücke*

Name: ____________________

Datum: ____________________

Sätze bilden

Fragen und Antworten

Bilde **Fragen und Antworten**. Schreibe sie auf.

spät Wie es? ist	genau acht ist Uhr. Es

Frage: ____________________

Antwort: ____________________

wünschst du Was dir?	brauche Ich Buntstifte. neue

Frage: ____________________

Antwort: ____________________

deine wohnen Großeltern? Wo	Großeltern Meine Berlin. in wohnen

Frage: ____________________

Antwort: ____________________

du lieber Magst Pizza Nudeln? oder	esse Ich gerne sehr Pizza.

Frage: ____________________

Antwort: ____________________

Selbsteinschätzung: So konnte ich die Aufgaben:	**Auswertung:** Du erreichst ______ von 16 Punkten.

Aufgabe: *Wörter lesen, Fragen und Antworten bilden, notieren*
Punktevergabe: *je 1 Punkt für richtige Satzstellung und fehlerfreies Aufschreiben*

Name: ______________________________

Datum: ______________________________

Kurze Texte lesen

Auf Richtigkeit prüfen

Welche Sätze **passen** zum Bild? Kreuze an.

- ☐ Jan und Lotta besuchen den Zoo.
- ☐ Ihre Mama und ihr Dackel Fips sind auch dabei.
- ☐ Zuerst besuchen Lotta und ihre Mama die Elefanten.
- ☐ Jan beobachtet lieber die Seehunde.
- ☐ Die Ziegen wohnen ganz in der Nähe.
- ☐ Die Affen werden mit Äpfeln gefüttert.
- ☐ Ein Affe springt aus seinem Gehege.
- ☐ Jan und Lotta sehen eine große Schildkröte.
- ☐ Im Löwengehege liegt ein Knochen.
- ☐ Zwei Giraffen stehen am Zaun.
- ☐ Rechts geht der Weg weiter zu den Eisbären.
- ☐ Die Nilpferde und die Flamingos leben zusammen in einem Becken.

Selbsteinschätzung: So konnte ich die Aufgaben: 🙂 😐 🙁	**Auswertung:** Du erreichst ______ von 12 Punkten.

Aufgabe: *Sätze lesen, zum Bild passende Sätze ankreuzen*
Punktevergabe: *je 1 Punkt für richtige Kreuze (7 Kreuze, 5 nicht gekreuzt)*

Name:
Datum:

Kurze Texte lesen

Nicht zum Text passende Sätze markieren

Welche Sätze **passen nicht** in den Text?
Streiche sie mit einem Lineal durch.

Emil und Janne haben einen Hund.

Er ist drei Jahre alt und heißt Mascha.

Mascha braucht kein Futter.

Mascha muss regelmäßig gefüttert werden.

In einem Napf steht immer frisches Wasser.

Hunde trinken nur Milch.

Jeden Tag braucht Mascha genug Bewegung.

Der Kinderarzt hat Mascha geimpft.

Der Tierarzt hat Mascha geimpft.

Mascha wedelt mit dem Schwanz, wenn sie sich freut.

Manchmal bellt sie auch laut.

Mascha kann gut hören und sehen.

Jeden Tag liest sie die Zeitung.

Abends schläft sie in ihrem Korb.

Mascha geht in die Hundeschule.

Dort lernt sie lesen und schreiben.

In der Hundeschule spielt Mascha mit anderen Hunden.

Emil und Janne lernen viel über Hundeerziehung.

Selbsteinschätzung: So konnte ich die Aufgaben:	**Auswertung:** Du erreichst ______ von 18 Punkten.

Aufgabe: *Sätze lesen, unsinnige Sätze streichen*
Punktevergabe: *1 Punkt je Satz (13 richtig, 5 gestrichen)*

Jederzeit optimal vorbereitet in den Unterricht?